JN133863

皇位継承

歴史をふりかえり　変化を見定める

春名宏昭
Haruna Hiroaki
高橋典幸
Takahashi Noriyuki
村　和明
Mura Kazuaki
西川　誠
Nishikawa Makoto

山川出版社

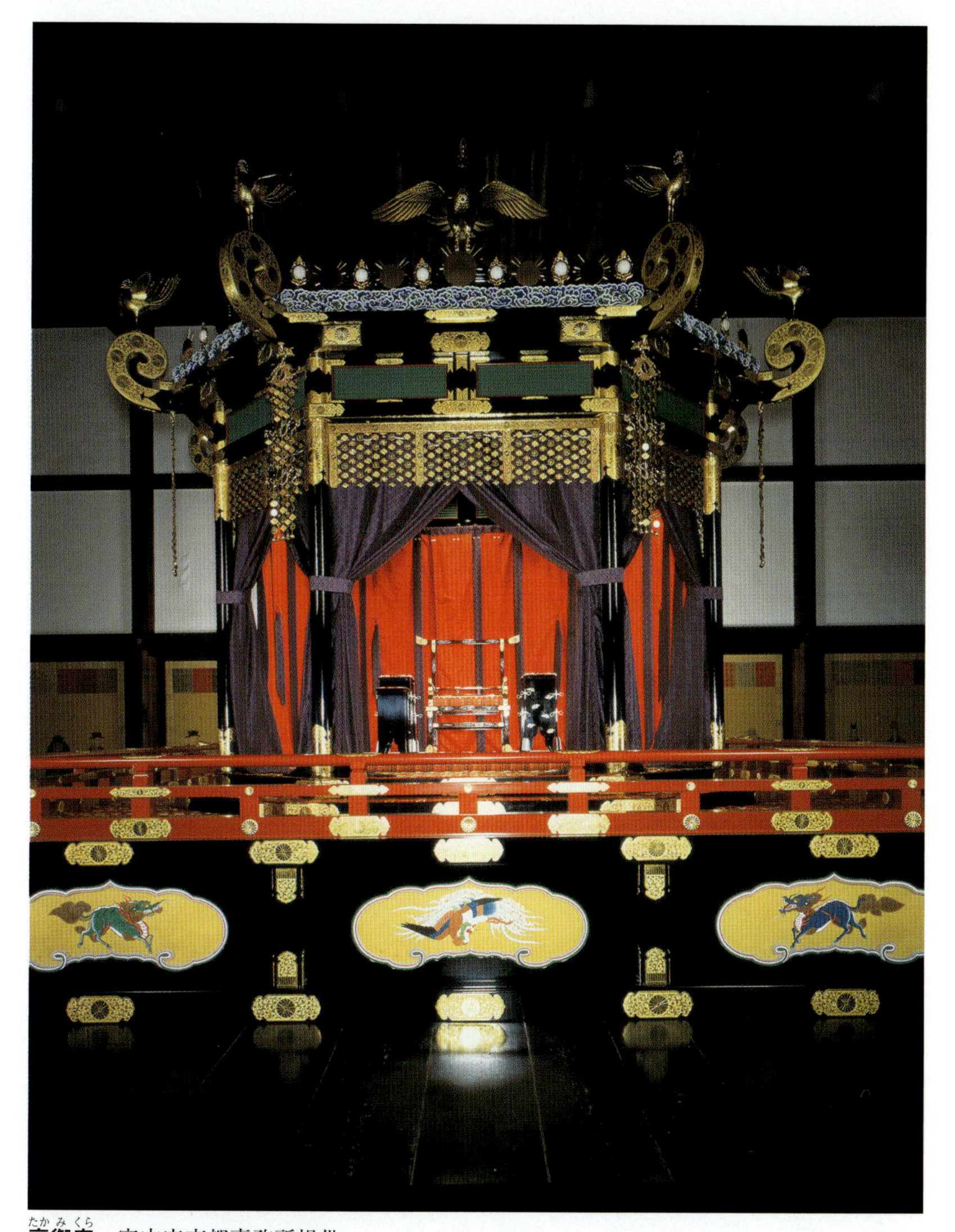

高御座(たかみくら)　宮内庁京都事務所提供
大正天皇即位の折に新造された天皇の御座(ぎょざ)。現在は京都御所紫宸殿(ししんでん)にあるが，即位礼では東京に移して用いられる。

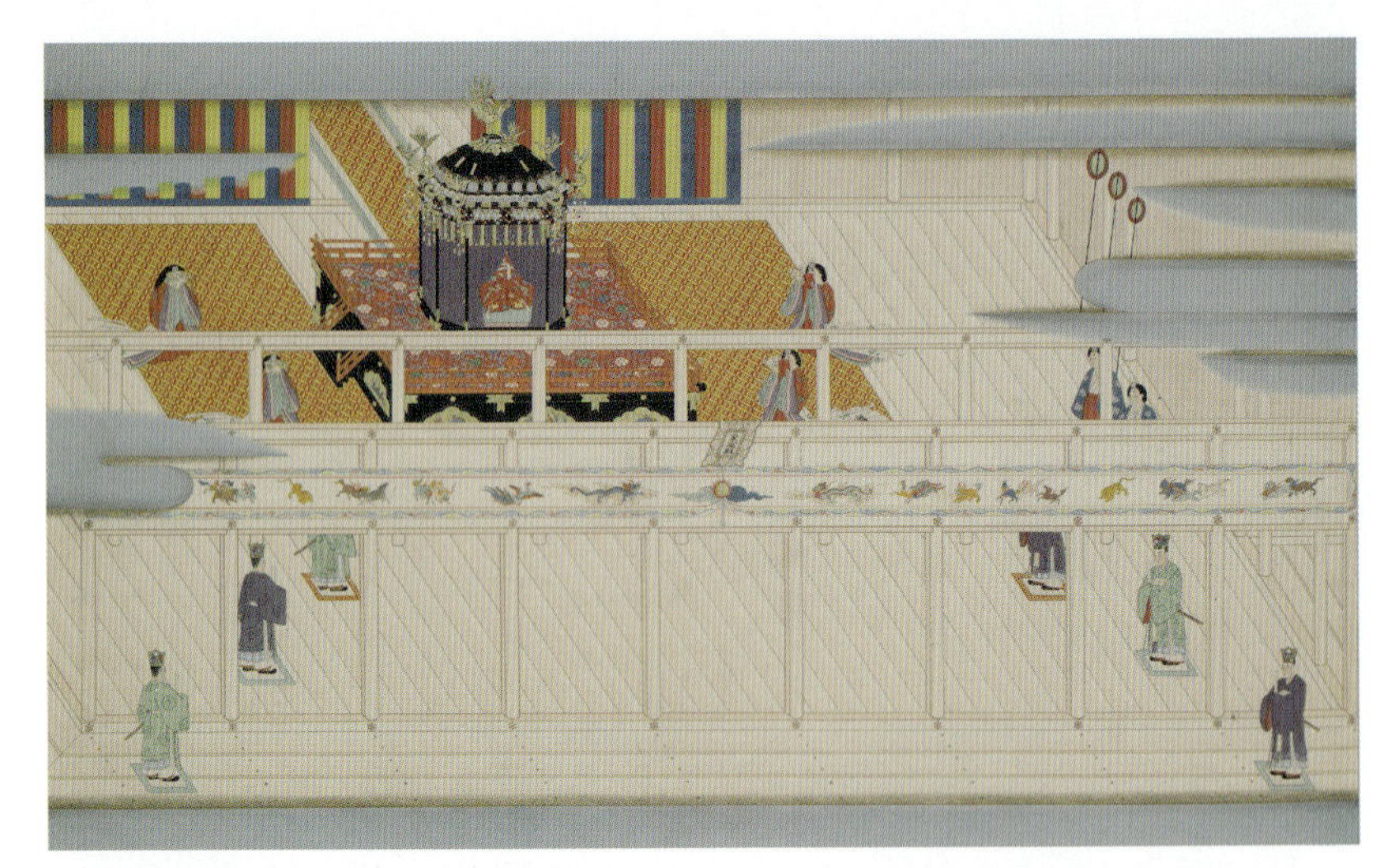

「弘化四年九月二十三日　即位図」(『孝明天皇紀附図』)　宮内庁宮内公文書館蔵
江戸時代最後の即位式を描く。即位式はきわめて起源が古く，古代から中国風で行われたが，近代には平安時代風となる。

「明治元年　御即位図」　国立公文書館蔵
図は晴儀(せいぎ)だが，実際は雨儀(うぎ)で行われた。高御座のかわりに御帳台(みちょうだい)が用いられた。階(きざはし)の下は地球儀。

はじめに

日本の歴史において天皇や天皇制が果たした役割や影響が大きかったことは、あらためていうまでもないことであろう。その及ぶところは政治・文化・社会・宗教とはば広く、深いものがある。ただし、たしかに天皇の地位は古代以来連綿と継承されてきてはいるが、そのあり方や役割は一定不変のものではない。天皇や天皇制自体も政治や社会の影響を受け、時代とともに変化し続けてきたのであり、現代を生きる私たちにとっては、その変化の様子や時代ごとの特徴を見定めることが必要である。この二〇一九年はそうした天皇の歴史をふりかえってみる、ちょうどよい機会なのである。

周知のように、二〇一九年五月に天皇の代替わりが予定されている。昭和が平成に変わって以来、三〇年ぶりのことであるが、今回の代替わりは二〇二年ぶりのことでもある。というのも、今回のように生前の天皇から次の天皇に皇位が伝えられるのは、文化十四年(一八一七)に光格天皇が息子の仁孝天皇に位を譲って以来のことなのである。この間の代替わりはいずれも、前の天皇が崩御した後に新しい天皇が皇位についたものであった。とくに明治二十二年（一八八九）に皇室典範（旧皇室典範）が定められてからは、皇位の継承は天皇崩御によるとされ、天皇が退位（譲位）することは認められてこなかったのである。

こうした経緯を考えると、今回の代替わりが画期的なものであることとともに、一口に皇位継承といっても、そのあり方はけっして不変ではない（不変ではなかった）ことが理解できよう。先に天皇や天皇制は一定不変のものではないと述べたが、今回の代替わりはまさにそのことを雄弁に物語っているのである。あらためて天皇の歴史をふりかえってみる必要が感じられるところである。

天皇の歴史をふりかえり、天皇や天皇制の変化や時代ごとの特徴を見定めるにはさまざまなアプローチの仕方があると思われるが、皇位継承のあり方に着目するのはとりわけ有効な方法と思われる。天皇の地位が代々引き継がれていくことは天皇制の基本であるが、どのように継承されたかは、先にふれたように不変ではなく、時代による変化が大きいのである。

たとえば今回の代替わりで二〇二年ぶりに「復活」する譲位は、実は前近代の皇位継承ではむしろ一般的な方式であった。ただし、その形態や意味するところは時代によってさまざまで、古代では譲位は円滑な皇位継承に一定の役割を果たしたが、中世ではむしろ有利な皇位継承を実現する手段として利用された。さらに武士が政治の実権を握ると、譲位にも武家政権の合意が必要になり、近世には譲位は江戸幕府によって管理されるようになった。近代に入ると一転、譲位は認められなくなったが、二十一世紀になって復活することになったことは先にふれたとおりである。

譲位だけをとりあげても、複雑な歴史をたどってきたわけであるが、本書では古代・中世・近世・近代の四章に分けて、皇位継承の歴史をふりかえってみることにした。詳しくはそれぞれの章によられたいが、実にさまざまな形で皇位が伝えられてきたこと、さらには今なお新たな皇位継承のあり方が模索されていることが理解されるであろう。

もちろん皇位の継承は政治や社会と深く関わっていたのであり、だからこそ、時代の変遷とともにさまざまな姿をとることになったのである。それは天皇や天皇制も同じことである。すなわち皇位継承の歴史をふりかえることは、天皇や天皇制を考えることにも通じるのである。

本書のもとになったのは、『歴史と地理　日本史の研究』二六一号(二〇一八年六月)から二六四号(二〇一九年三月)に連載された四本の論文である。誌面の性格上、読みやすさ・わかりやすさを旨とし、本書に掲載するにあたってさらに加筆・修整を施している。とはいえ、紙幅の都合もあり、それぞれ論じ残したことも少なくない。読者にあっても「もう少し詳しく知りたい」という向きもあるであろう。ぜひ巻末付録の「読書案内」もご覧いただければと思う。

本書が皇位継承、さらには天皇・天皇制を考える手がかりになることを、執筆者一同として願うものである。

二〇一九年二月

高橋　典幸

目次

皇位継承

歴史をふりかえり　変化を見定める

第1章　古代の皇位継承

春名　宏昭

はじめに

天皇は神話の時代から現代までこの国に常に存在し続ける存在である。天皇は国家の大枠を構成する必須の要素だった。したがって、天皇の地位が誰から誰に移行するかは、国家のその時々のあり方を規定するものだったともいえる。本章では古代の皇位継承のあり方を検証する。

1　令制以前の皇位継承

『日本書紀』では神武天皇を初代天皇に設定し、それから現在まで連綿と天皇家が続くが、当初の天皇家は実態が不明で、いつから実態的に存在したのかさえ詳らかではない。神武天皇は『日本書紀』で「始馭天下之天皇」とある一方、第十代崇神天皇が「御肇国天皇」とあって、いずれもハツクニシラススメラミコト（初めて国を治めた天皇の意）と読まれ、二人に国家創始者の称号が与えられている。この二人に挟まれた八人は直系で連なり、系譜記事のみで物語的な記述がないため「欠史八代」と呼ばれる。一時期議論されたものの、現在ではほぼ実在性がないものとしてほとんど顧みられない。

単純に、このような直系継承はありえないと思うかもしれないが、これを歴史的事実と考える必要はない。直系系譜は、伝承中の首長を父子関係に擬制して位置づけたと解釈すれば問題ない。そして、この八代には複数の皇子があり、諸豪族の祖とされている。天照大御神に仕える神々を祖とする諸豪族と併せて、すべての豪族が血縁的につながる、一家をなすことを擬制し、その一家の長たる天皇にすべての豪族が従う秩序の正当性を根拠づけている。そうした意味で、国家にとってきわめて重要な機能を果している八代が捨て置かれてよいとは思えない。

天皇の存在がほぼ確実になるのは五世紀のいわゆる「倭の五王」の時代である。このころの天皇家に関しては、単一の王家はいまだ成立しておらず、複数の王家の間で皇位が移動していたとする考え方が[1]示されて以来、おそらく現時点で学会の大方の賛同を得ているものと思う。しかし、積極的にこれを否定する根拠はなにもないものの、筆者自

1 川口勝康「五世紀の大王と王統譜を探る」（原島礼二ほか『巨大古墳と倭の五王』青木書店，1981年）。

身はこの想定に懐疑的である。

それはともかく、この時代は、皇位継承資格に順位がなかったらしく、図1に見るように、皇位をめぐる抗争の中で多くの皇子が生命を落としている。

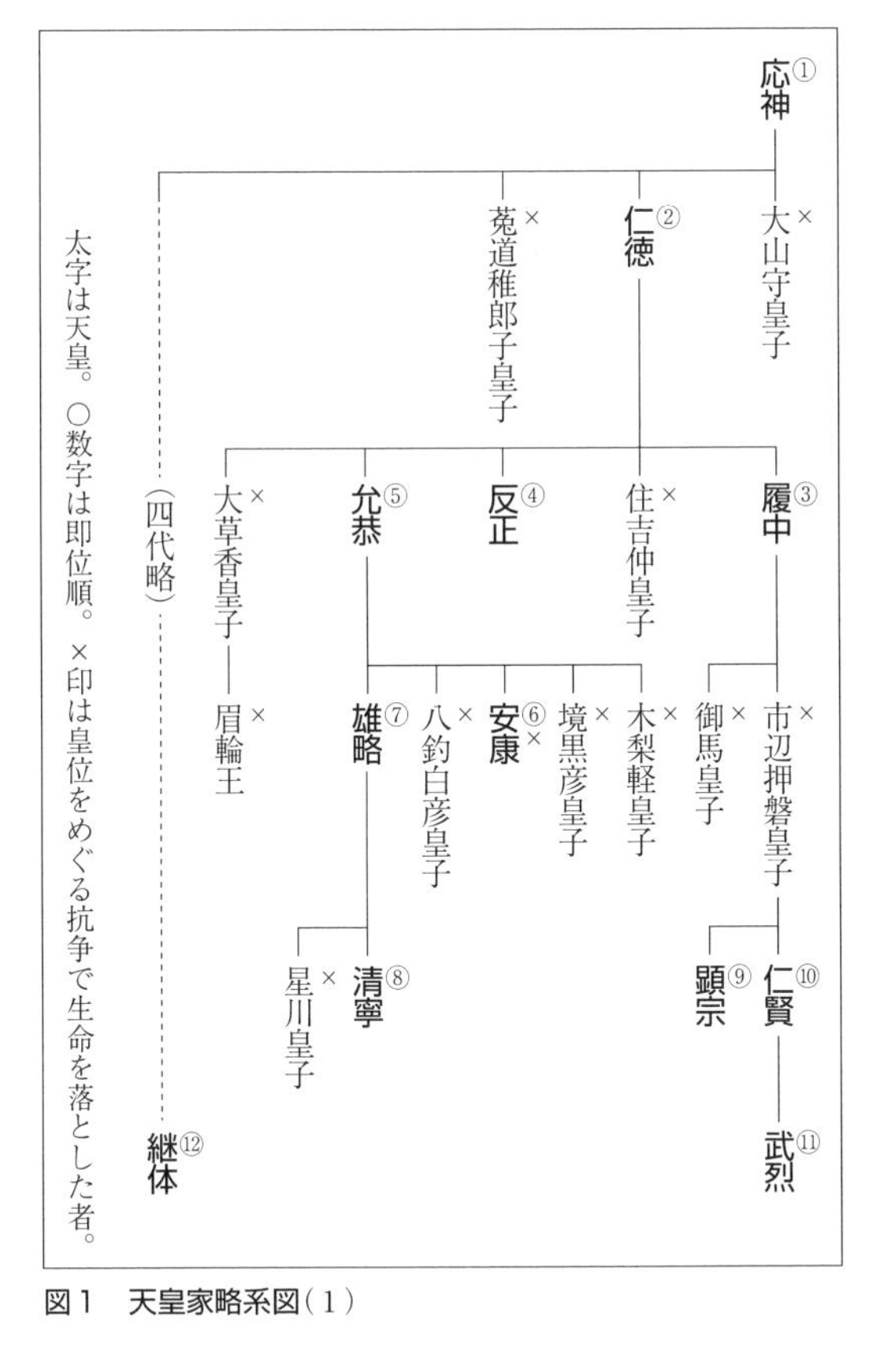

図1　天皇家略系図（1）

その結果、天皇候補たる皇子が枯渇してしまい、武烈(ぶれつ)天皇を最後に応神(おうじん)天皇に始まるこの皇統は断絶し、傍系から継体(けいたい)天皇を迎えざるをえなかった。継体天皇は本来近江(おうみ)(滋賀県)から越前(えちぜん)(福井県)にかけて勢力を持っていた豪族だった。傍系という点も事実かどうかは確かめる術がなく、王朝交替と評しても十分な状況である。と同時に、応神天皇の血脈を引く者として継体天皇は即位した。この両面を正しく評価する必要がある。

継体天皇は即位にともない前王朝につながる手白香皇女(たしらかのひめみこ)をキサキとした。これは手白香皇女の所生皇子が将来即位することによって、前王朝を支持する豪族たちの反発を緩和するためだと思われる。しかし実際には、継体天皇が支持を拡大した結果、尾張(おわり)氏の生んだ安閑(あんかん)天皇が継体天皇を継いだ(図2)。安閑天皇も前王朝につながる春日山田(かすがやまだ)皇女をキサキに迎え、同母弟の宣化(せんか)天皇も同じく橘仲(たちばなのなかつ)皇女をキサキに迎えたから、手白香皇女の生んだ欽明(きんめい)天皇の即位はきわめて危ういものだった。かつては、安閑・宣化天皇の朝廷と欽明天皇の朝廷が対立・並存したという主張さえなされたことがあった。[2] 皇位が流動的なものだったことが実感できよう。

流動的な状況は欽明天皇の皇子女たちの世代にも当てはまる。〈敏達(びだつ)→用明(ようめい)→崇峻(すしゅん)→推古(すいこ)〉という皇位継承については、同一世代内での継承で、この世代の継承が終了すれ

2 大平聡「欽明天皇と安閑・宣化天皇の間に内乱はあったか」(『飛鳥史疑　浪漫飛鳥』別冊歴史読本1993年秋号，新人物往来社)参照。なお筆者としては，三品彰英「「継体紀」の諸問題――特に近江毛野臣の所伝を中心として」(『日本書紀研究』2，塙書房，1966年)により，この議論はすでに解決したと考えている。

ば、次の世代の同一世代内継承に移行するというのが通説である。[3] しかし、これも皇位が流動的だった結果と考えた方がよい。

安閑・宣化朝で欽明天皇を支持する勢力が拡大し、その結果、この勢力の中核人物である蘇我稲目が宣化朝で大臣の地位に就いた。両派が和解したのだろう。その延長上にやがて欽明天皇の即位が実現するが、この和解に際して、欽明天皇は宣化天皇の女である石姫皇女をキサキ（『日本書紀』では皇后）とした。その所生が敏達天皇である。また、欽明天皇を終始擁護・支援していたのは蘇我稲目であり、稲目の援護がなければ欽明天皇の即位は実現していないかもしれない。おそらく、その功績に応える意味で、欽明天皇は稲目の二人の女をキサキとした。堅塩媛と小姉君である。同じ蘇

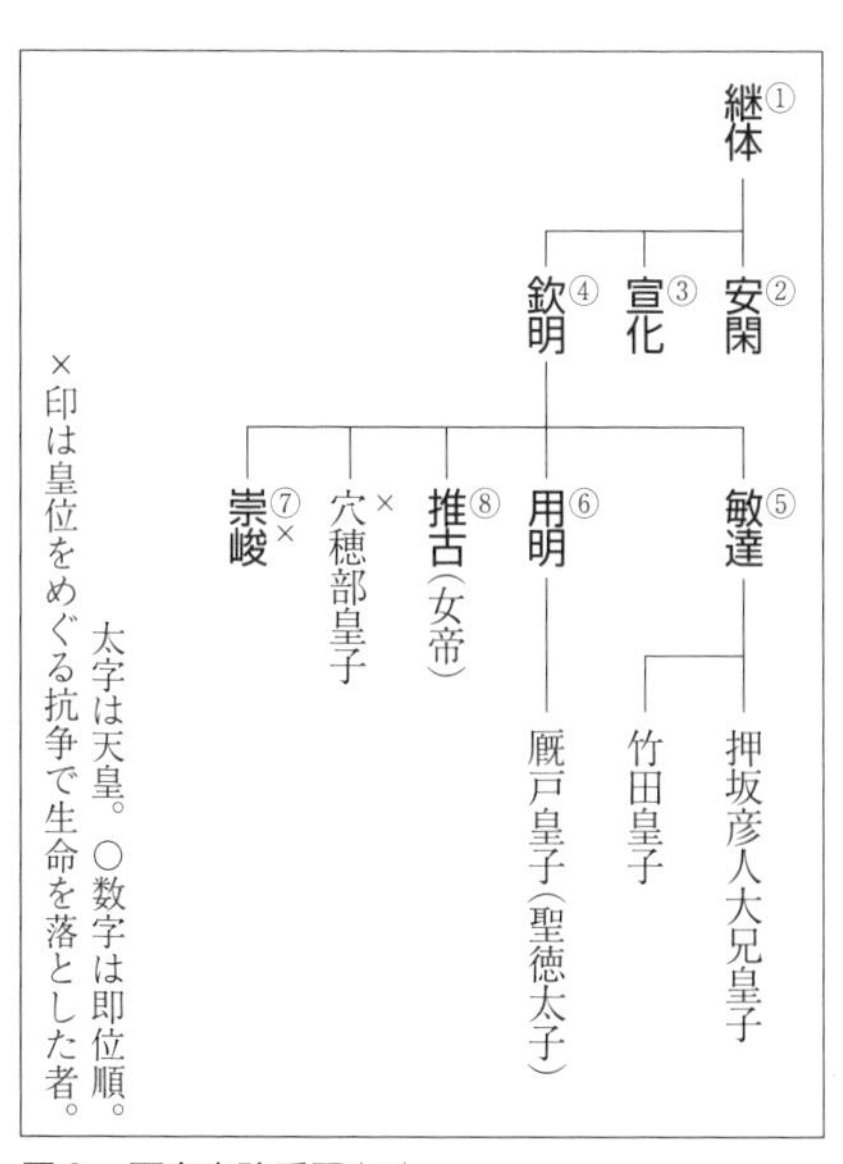

図2　天皇家略系図（2）

3 井上光貞「古代の皇太子」（『日本古代国家の研究』岩波書店，1965年）。

我氏とはいえ、堅塩媛系と小姉君系の皇子女たちとでは利害を異にするところがあったようで、敏達天皇系も加えると三つのグループ（勢力）が存在したことになる。

敏達天皇の死後に即位した用明天皇は、堅塩媛の所生である。用明天皇は在位二年で没し、その後継をめぐって混乱があったのだろう、その混乱に乗じて小姉君系の穴穂部（あなほべ）皇子が皇位を狙ったものの、逆に誅滅（ちゅうめつ）された。その後、三派は和解したらしく、その結果あらためて小姉君系の崇峻天皇が即位した。しかし、崇峻天皇が権力の独占を指向したために他の二派によって排除（暗殺）され、敏達天皇のキサキ（皇后）で用明天皇の妹である推古天皇が即位した。後継には厩戸（うまやと）皇子が立てられたから、一見すると用明天皇系が朝廷を支配したように思えるが、敏達天皇系も一定の地歩を確保していたと思われ、それが後の舒明（じょめい）天皇の即位につながるものと考えられる。

また、生命を落とした者はいなかったものの、欽明天皇の孫の世代から天皇が出ていない点にも留意すべきである。もちろん、これは厩戸皇子が早世した結果なのだが、この世代には押坂彦人大兄（おしさかのひこひとのおおえ）皇子や竹田（たけだ）皇子がいたにもかかわらず、誰一人即位しなかったという結果は、なにか理由があるはずである。

この当時の即位年齢が四〇歳くらい以上で[4]、三人はその基準に達していなかったとい

4 仁藤敦史『女帝の世紀――皇位継承と政争』（角川選書，2006年）89～93頁を参照。

うのは、事実としては間違っていないが、三人が即位しなかった理由にはならない。文武天皇は一五歳で即位した。つまり、必然性さえあれば早期即位は実現したのであり、推古朝にはその必然性がなかったと理解しなければならない。また、推古天皇が長命だったからというのも理由にならない。皇極天皇や持統天皇は譲位をした。皇極天皇の譲位は、乙巳のクーデター（大化改新の口火を切った政変、蘇我入鹿が暗殺された）が起こったことにより、みずからを支えていた蘇我氏政権が倒壊したからであり、持統天皇の譲位は、自分が健在な間に文武天皇の即位を確実に実現するためだった。必然性があれば初例は開く。

さらに、皇極天皇と持統天皇がいずれも女帝だったことは偶然ではなかろう。男帝が譲位するの

図3『多武峰縁起絵巻』（談山神社蔵）　中臣鎌足の英雄伝を絵巻にしたもの。16世紀中頃の作。掲げた部分は，乙巳のクーデターで中大兄皇子（天智天皇）が蘇我入鹿の首を切り飛ばした場面。帷の奥にいる女性が皇極天皇。

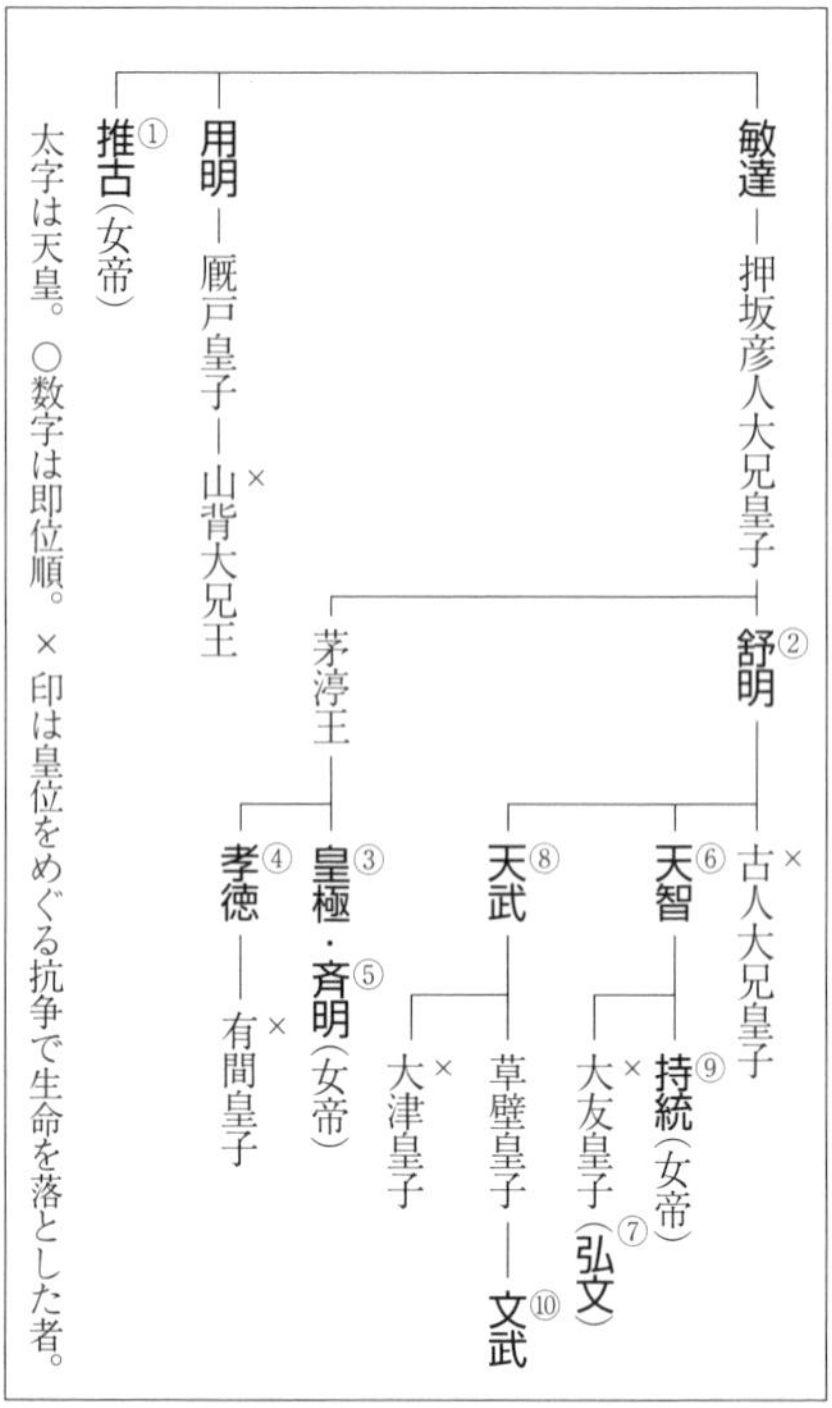

図4　天皇家略系図（3）

大友皇子は明治になってから天皇の列に加えられ，弘文という名が贈られた。しかし，即位したのかどうかも定かではないし，即位していたとしても天智天皇死去から壬申の乱勃発まで6カ月であり，在位はないに等しい。

には抵抗があっても、女帝の譲位にはさほどの反対はなかったのではなかろうか。だとすれば、推古天皇が譲位の初例になることも十分ありえたといえる。つまり、推古天皇の長期の在位はそれが積極的に選択されたためと考えるべきで、その結果として、その次の世代から一人も天皇を輩出しないという特異な状況が生まれたのである。

そうした観点からすれば、斉明天皇が譲位しなかった事実も注目してよいかもしれない。斉明天皇の死後、後継である中大兄皇子(天智天皇)は即位しないまま称制[5]を続けた。従来、これは白村江の敗戦の対応が急務だったためと説明されているが、孝徳天皇の病没をうけて即位してもよかったにもかかわらず、母の斉明天皇を重祚させたことをも併せて考えれば、中大兄皇子自身に早期に即位できない理由があった可能性も考えてみるべきではなかろうか。

七世紀に入っても、皇位をめぐる争いの中で生命を落とす皇子たちは現れた(図4)。蘇我氏政権の倒壊にともなって古人大兄皇子(蘇我馬子外孫)が排除され、中大兄皇子を中心とする政権にとって邪魔者でしかない有間皇子が排除されざるをえなかった事例が典型だろう。皇位継承が流動的な状況は、五世紀の段階からほとんど改善されることがなかったということである。

2 奈良期の皇位継承

大宝元年(七〇一)、大宝律令が成立し律令国家が名実ともにスタートした。安定した政治体制の下で国家・社会の急速な発展が展望されたが、当然そこでは国家君主たる天皇の地位を安定させることが重要な課題の一つだったろう。律令国家建設過程の最終段

5 実質的に天皇と同じ政務を行うこと。天智元年は称制期間から数え始め，斉明天皇が没した斉明７年の翌年を天智元年としている。持統天皇の場合も同様。

階を担った天武天皇にしても、異母兄である古人大兄皇子が失脚し、謀反の疑いをうけて誅殺されざるをえなかったのを横目で見ているし、さらには自身が、姪の大友皇子と壬申の乱を戦わなければならなかった。文字通りの骨肉の争いだった。天武天皇の死没直後にも、草壁皇子の対抗馬と見做された大津皇子が、謀反の疑いをうけて死をたまわっている。天武天皇は、国家安定のためには安定した皇位継承が是非にも必要だと思っただろう。天武天皇は飛鳥浄御原令の編纂を命じ、次の持統朝の初め（称制中）に施行された。さらにそれを改訂した大宝律令が、天武・持統天皇の孫である文武天皇の下で編纂・施行されたのである。

まず大宝令では、皇位継承資格を皇子に限った。もちろん皇子がいなくなれば、皇親（＝天皇家の一員）に設定した四世王（＝天皇の玄孫）まで天皇候補は広がるが、その場合でも、孫王・三世王・四世王の順で優先権が与えられたと思われる。

皇子に最優先権が与えられたと考えられる根拠は、継嗣令1皇兄弟子条で女帝の子が親王（＝皇子）の身分を得ると規定されたことである。親王の子は孫王に、孫王の子は三世王になるが、内親王や女王の子はあくまでも夫の身位による。これに対して、女帝だけは自身の天皇という身位が子に及ぼせる。唐にもないこのような規定を、なぜ（わざ

6 ただし，女帝を介した皇位継承は，社会的に許容されなかったためか，ついに実現することはなかった。

わざ本註のかたちを取ってまで）令条文に組み込んだのか。それは女帝の子に（男帝の子と同等に）孫王以下に対する皇位継承の優先権を与えるためである。[6]

さらに、令制では皇太子(こうたいし)制[7]が規定された。皇太子制は、飛鳥浄御原令で規定されたと思われる。天武朝で皇太子となったとされる草壁皇子が、事実として皇太子になったかどうかは微妙である。皇太子は次期天皇予定者に与えられる地位・称号だが、その後の歴史を見ると、政争の抑制にあまり効果はなかったようである。一方、大宝令で正式に採用されたと覚しい譲位の制[8]は、円滑な皇位継承に一定の有効性を示した。ただし、譲位の制と同時に創始された太上(だいじょう)天皇制[9]が、後にしばしば政治的混乱を引き起こしたのは皮肉なことだった。

法制の整備とは別に、天皇候補たる皇子の数を制限することによって、皇位をめぐる政争を未然に防ごうという試みがなされた。天皇候補が二人いれば政争は発生するが、それでも先に見た五世紀の混沌とした状況と比べれば、政争が起こる可能性はかなり低くなるだろう。その意味で、草壁皇子のキサキとして知られるのが阿閇(あべ)皇女（元明(げんめい)天皇）のみで、皇子女も阿閇皇女所生の三人しか知られない事実は、草壁皇子の段階から右の試みが始められたことを物語っている。

7 荒木敏夫『日本古代の皇太子』（吉川弘文館，1985年）参照。
8 先にもふれたごとく，皇極天皇が孝徳天皇に譲位した例があるが，あくまでも非常事態・臨時のことと見做されたようである。
9 拙稿「太上天皇制の成立」（『史学雑誌』99－2，1990年）参照。

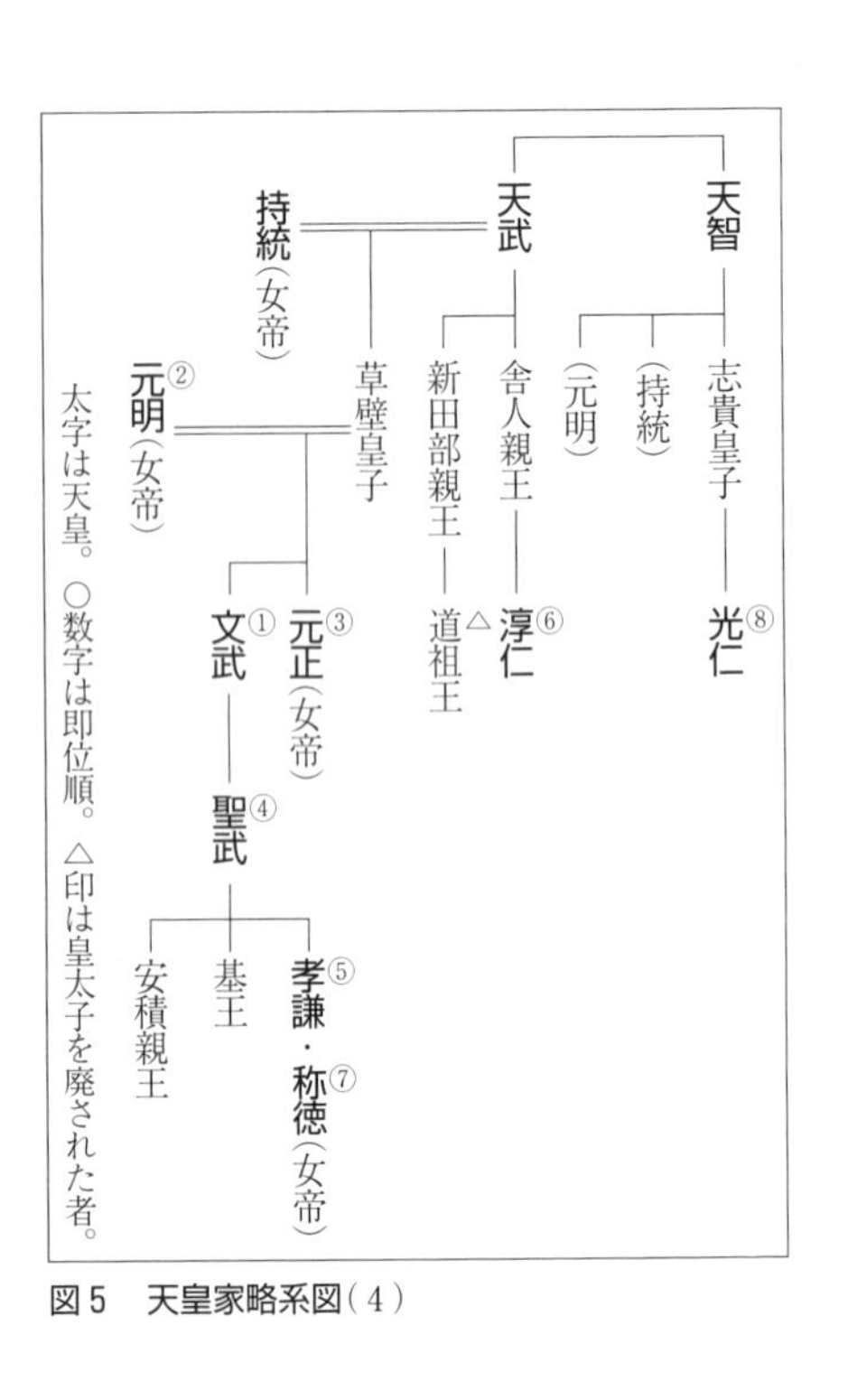

図5　天皇家略系図(4)

奈良期の天皇家は、この草壁皇子の血脈を継ぐ天皇の直系継承が実現する(図5)。もちろん、これにはそれを願う持統天皇以下の天皇家の意志もあるが、律令国家の発展の基礎となる皇位の安定を指向する貴族たちの意志も大きく影響したと思われる。貴族たちは皇位が安定すればよかったから、とくに草壁皇子の直系皇統である必然性はなかったのだが、少なくともこの皇統は貴族たちの指向にかなう条件を備えていた。だから、

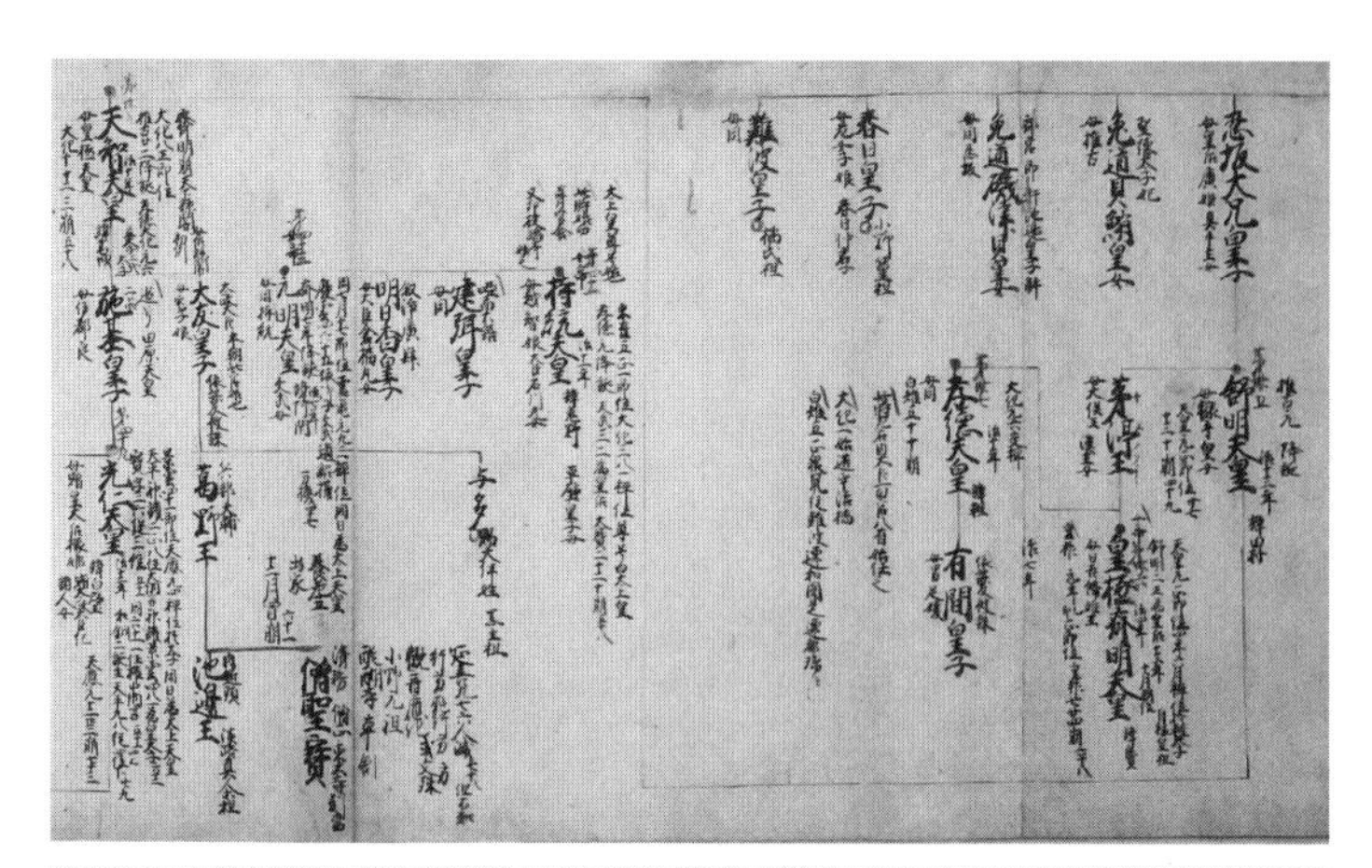

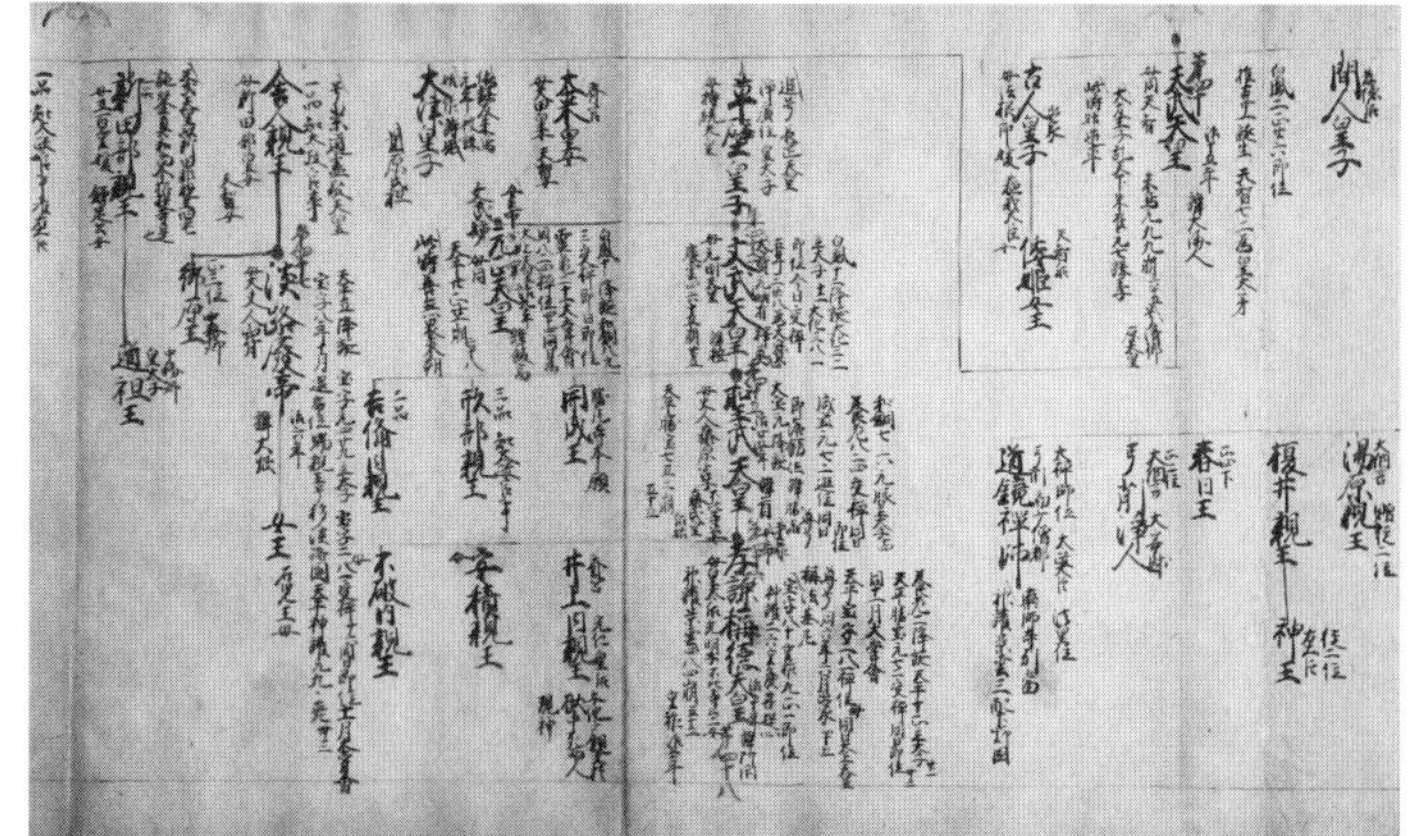

図6　『本朝皇胤紹運録』(国立公文書館内閣文庫蔵，紅葉山文庫旧蔵)　洞院満季の撰で15世紀前半の成立。諸種の天皇系図・皇親系図を参考に編纂されたと考えられる。掲げたのは7・8世紀の部分。折本形式の長大なものなので，当該部分を上下段に分載した。舒明天皇(図4②)から光仁天皇(図5⑧)までが見える。この種の系図は基本的に歴代の天皇がほぼ右から左に並ぶのが一般的で，奈良期の天皇家(＝天武系皇統)は下段に収まっている。ただし，キサキから即位して奈良期の天皇家を支えた持統・元明天皇は上段にあり，奈良期の天皇家の断絶をうけて平安期の天皇家を再構築した光仁天皇は上段の左端に位置する。この光仁天皇(図8①)から延びた系線が下段の底部を右端から左端に走り，平安京を築いた桓武天皇に接続することとなる。(本文8～17ページ参照)

貴族たちはこの皇統を支持した。

そして、この皇統を守るために、この皇統に連なる女帝が多く即位した。元明天皇も元正天皇も基本的に男帝と遜色ない能力を持っていたが、彼女たちが安定した国政運営を実現できたのは、大方の貴族たちがこの体制を支持したからだろう。だからこそ、奈良期の天皇家が現在見るかたちになったのである。

ただし、皇子の数を制限するという選択は、皇子不在という結果を引き起こした。聖武太上天皇が死去直前に遺詔で皇太子に指名した道祖王は後に排除され、孝謙天皇から譲位された淳仁天皇[10]も後に廃位された。本来、太上天皇は天皇と一心同体の存在として構想されたが、孝謙太上天皇と淳仁天皇とは血縁関係が薄く、一心同体とはいいがたい状況だった。

淳仁天皇と政権を担当した藤原仲麻呂は、彼らだけで政権運営を行った方がよかった。一方、草壁皇統の直系を自負する孝謙太上天皇がその状況に不満を鬱積させ、そこに藤原仲麻呂に対する貴族たちの不満も加わって政変(藤原仲麻呂の乱)が起こり、淳仁天皇が廃位され、孝謙太上天皇が重祚して称徳天皇となった。しかし、皇子不在、天皇候補不在の状況に変わりはなく、やがて称徳天皇が没して奈良期の天皇家が断絶すると、

10 淳仁天皇も明治になって天皇の列に加えられ，淳仁という名を贈られた。その意味では先掲の大友皇子と同じである。ただ，淳仁天皇は6年の在位という実績がある。このため，他の天皇と同列に表示する。

傍系から孫王である光仁天皇が迎えられて天皇家を再興し、平安期の天皇家がスタートする。

3 平安期の皇位継承

光仁天皇が最終的に皇太子に決まった理由の一つに、対立候補の文室浄三より男子が少ない点が挙げられており[11]、また、その少ない皇子たちの間でも皇位をめぐる争いがあって、二人の皇子が生命を落とした。

光仁天皇の即位にともなって、聖武天皇の外孫である他戸親王が皇太子に立ったものの、奈良期の政治に戻ることを嫌う勢力によって、母の皇后井上内親王とともに排除された。さらに、光仁天皇から桓武天皇に譲位されたのにともなって、おそらく光仁皇統の選択肢を増やそうという光仁太上天皇の意向の下に早良親王が皇太弟に立ったものの、光仁太上天皇の没後、みずからの皇統の継続を望む桓武天皇の暗黙の圧力もあって、藤原種継暗殺事件に巻き込まれるかたちで排除された。すなわち、令制前とほぼ同じ混乱が繰り返されている。

しかし、奈良期の天皇家が皇子の数を制限した結果、断絶にいたったのは厳然たる事

11『日本紀略』宝亀元年(770) 8月癸巳条。

実である。桓武天皇以後の各天皇は、多くのキサキを迎えて多くの皇子を儲ける方針に転換した。

平城天皇が自分の皇子がありながら、なぜ同母弟の嵯峨天皇を後継にしたのかは詳らかでないが[12]、その結果、平城太上天皇と嵯峨天皇との間で政変（薬子の変）が起こり、皇太子に立っていた高岳親王が廃され、替って異母弟の大伴親王（淳和天皇）が皇太子に立てられた。これは政変後の混乱をできるだけ速やかに収拾するために、将来の皇

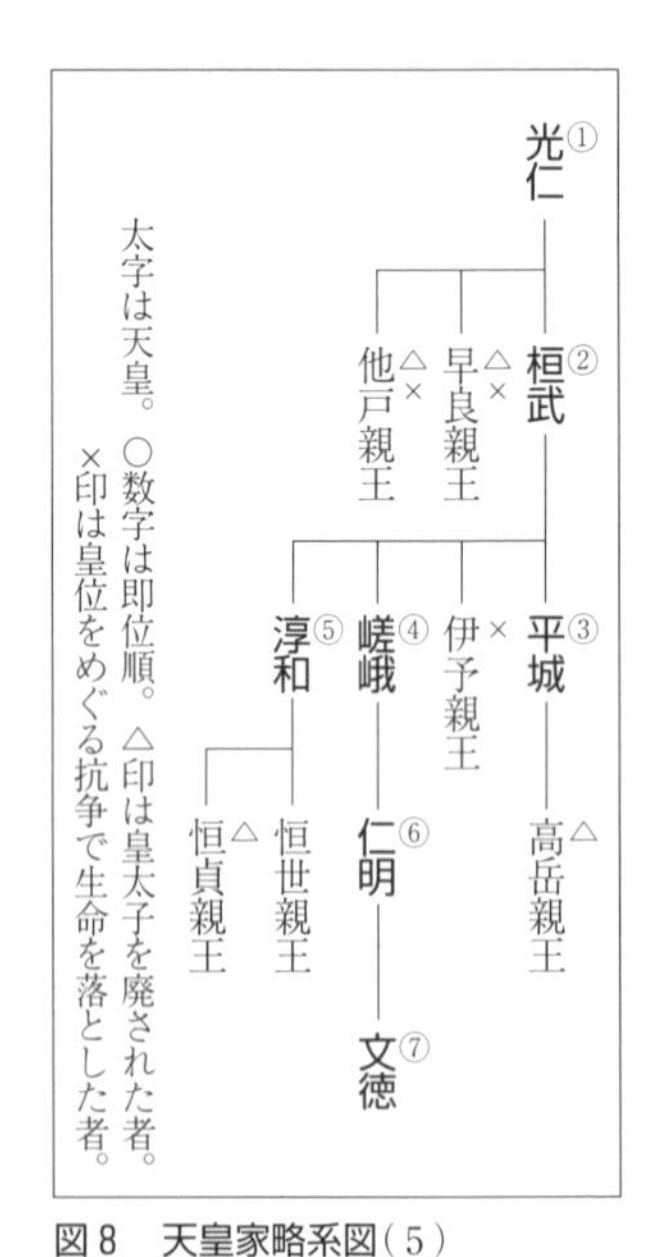

図8　天皇家略系図（5）

図7　桓武天皇像（延暦寺蔵，室町時代の作）

12 桓武天皇に源を発する皇統を複数設けようとしたのかもしれない。ただし，それが桓武天皇の命だったという説は根拠がない。あくまでも平城天皇の意志である。拙著『平城天皇』（吉川弘文館，2009年）参照。

位継承を示そうと、大伴親王と高志内親王（＝平城・嵯峨天皇の同母妹）との間に生まれた恒世親王の即位を前提とした立太子だった（ただし、恒世親王は淳和天皇の即位後まもなく早逝した）。

淳和天皇は正良親王（仁明天皇）を皇太子に指名し、仁明天皇は恒貞親王を皇太子に指名した。ここに皇統が二つに分かれ（これを両統迭立という）、必然的に政局に不安定性が加わる。政局が不安定になることは貴族たちが本質的に嫌うことだったが、恒貞親王は嵯峨太上天皇の外孫で、嵯峨太上天皇はこの皇位継承になんの不満もなく、この当時は嵯峨太上天皇の絶大な権威が政界全体を覆っていたから、この状況が維持されたのである。

しかし、嵯峨太上天皇が没するやいなや承和の変が起こって、恒貞親王が皇太子を追われて道康親王（文徳天皇）が替り、両統迭立状況は解消される（図8）。平安期の天皇家が創始されて、三世代にわたって皇統の複数化を指向したものの、結局は仁明天皇の皇統に収束した。

これは嵯峨・淳和朝で良吏政治が展開し、官僚たちの能力が飛躍的に向上した結果、貴族たちの意志が国家に反映される度合いが高くなったことも一因と考えられる。もちろん、天皇の地位・存在は別次元のものではあるが、貴族たち(=官僚たち)の望む天皇像が各天皇に求められるようになっていく。それに反して排除されたのが、非行を繰り返した陽成天皇である。

しかし、考えてみれば、臣下たる貴族たちが君主たる天皇を排除するのは、いわば革命である。摂関家に連なる慈円は『愚管抄』の中で、陽成天皇を廃した藤原基経の行為を、世間では謀反という人がいると記している。もちろん、最終的には基経の行為は天皇家にとって功績だったとするが、苦しい言い訳に聞こえる。摂関家を批判する言説は、藤原実資の『小右記』における記事くらいで、ほとんど残っていないが、摂関家主導による国政運営を貴族たちが積極的に支持していたかどうかは微妙である。

陽成天皇の父である清和天皇は史上初の幼帝である。幼帝の出現は、藤原良房(清和天皇の外祖父)が政権を掌握し、絶大な

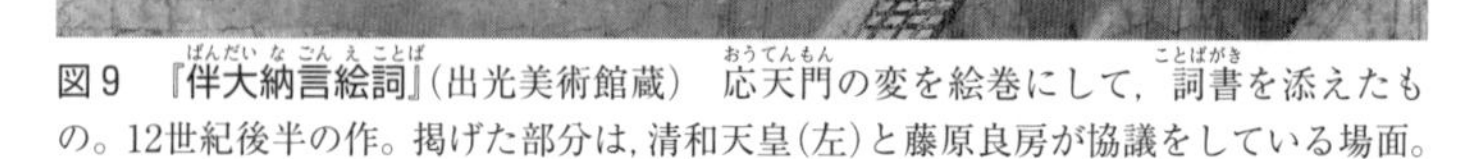

図9　『伴大納言絵詞』(出光美術館蔵)　応天門の変を絵巻にして，詞書を添えたもの。12世紀後半の作。掲げた部分は，清和天皇(左)と藤原良房が協議をしている場面。

権力を保持したことによりもたらされたものだと説明され、また官僚機構が成熟した結果、天皇は幼くとも問題なくなったためと説明される。それはそうなのだが、成人の天皇が絶対に必要であれば、清和天皇の即位はない。言葉を換えれば、清和天皇で問題なかったのではなく、清和天皇が（幼いというハンデはありながらも）貴族たち（＝官僚たち）のもっとも望む天皇だったと理解すべきなのである。

　陽成天皇が廃された後、即位したのは五五歳の光孝天皇だった（図10）。次の宇多天皇は、いったんすべての兄弟とともに源氏に降りた後、親王に復帰して即位しており、さらに三一歳の時、一三歳で元服したばかりの醍醐天皇に譲位している。明らかに通常とは異なる皇位継承である。おそらくこれは、みずからの意志を通したい天皇家の、貴族たちに対する抵抗ではなかろうか。

　宇多天皇が源氏に降ろされたのは、皇位継承資格を放棄するという意志表明であり、後世その治世を「寛平の治」と称讃された働き盛りの宇多天皇が譲位したのは、皇子である醍醐天皇に皇位を伝え、皇統を堅固なものとすることを最優先に考えた結果だったと思う。当時の天皇家は、我々が想像する以上に切迫した危機感を抱き、綱渡り的に皇統を維持したということなのだろう。

仁明―①文徳―②清和―③陽成△
仁明―④光孝―⑤宇多―⑥醍醐
醍醐―保明親王―慶頼王
醍醐―⑦朱雀
醍醐―⑧村上
村上―⑨冷泉―⑪花山
冷泉―⑬三条―敦明親王（小一条院）
村上―⑩円融―⑫一条
一条―敦康親王
一条―⑭後一条
一条―⑮後朱雀―⑯後冷泉
後朱雀―⑰後三条―⑱白河

太字は天皇。○数字は即位順。△印は天皇を廃された者。

図10　天皇家略系図（６）

宇多天皇が皇子を一人も源氏に下すことなくすべて親王にしたのは、天皇家を豊かにするためだったと思われる。ただし、この結果、高位高官に昇進する源氏がいなくなり、[13] 藤原忠平（ただひら）とその息子の実頼（さねより）・師輔（もろすけ）による大臣独占を招く。そして、摂関家の優位が固定した後に政権に食い込もうとした源高明（たかあきら）は失脚させられ、その後は大臣に進む源氏は現れるものの、摂関家に伍して政局を主導しようとする者は出ず、摂関家の絶対的優位が確立する。これも皇統の存続のみに意が注がれたことがもたらした歪みだったともいえ

13 二人の同母兄は親王に復帰させたものの，異母兄弟のしかるべき者を昇進させれば，子・孫の治世代に大臣とすることは可能である。このことを考えれば，上の説明よりももっと複雑な理由があったとも考えられる。

よう。

右のような経過をたどって即位した醍醐天皇は、三〇年以上の安定した在位をほこる。「延喜・天暦の治」と併称される「延喜の治」である。しかし、その治世の後半に皇太子保明親王が早逝し、替って立てた皇太孫慶頼王も夭折する。保明親王の死没直後に寛明親王(朱雀天皇)が生まれていたから、皇統の断絶にはいたらなかったものの、寛明親王が八歳の時に醍醐天皇が病臥し、譲位してすぐに没する。不幸なことに、宇多太上天皇もその翌年に没し、天皇家は幼い朱雀天皇一人となる。この朱雀天皇を生母たる藤原穏子とその兄の摂政藤原忠平が守って国政が行われていく。良房や基経が大きな権力を握り国政を領導したものの、宇多・醍醐両天皇の親政が継承されていれば、摂関家の成立はなかっただろう。朱雀朝で天

図11　宇多法皇像(仁和寺蔵，室町時代の作)

皇と国母・摂政関白とが連携して国政を運営していく体制が定着し、摂関家は成立する。[14]
次の村上朝では、右の連携体制の下で村上天皇が主体性をもって国政に臨み、理想的な国政運営が実現した。また、藤原忠平没後は親政が実現した。「天暦の治」と称される所以である。村上天皇が没すると冷泉天皇が即位したが、冷泉天皇には精神的な病があり、政権を担当していた藤原実頼は円滑な国政運営を優先させて、一年余で冷泉天皇に譲位させ円融天皇を即位させた。村上天皇は、保明親王・慶頼王や朱雀天皇がなしえなかった醍醐天皇の直系皇統の確立を目指していたものと想像され、それを冷泉天皇の血統に期待していたと思われる。

『栄花物語』には、病床にあった村上天皇に藤原実頼が「万が一のことがあった場合は（原文は「非常の事もおはしまさば」）皇太子に誰を立てればよいでしょうか」と聞いたところ、村上天皇が守平親王（円融天皇）を立てよと答えたという話が載っている。この話の真偽はしばらく措いて、これによる限り、実頼は村上天皇の指示に従ったにすぎないとも考えられる。

しかし、「非常の事」とは村上天皇の死没ではなく、冷泉天皇が重病に陥った時などを指すと考えるべきで、少なくとも村上天皇はそう理解した上で、右のように答えたと

14 末松剛「即位式における摂関と母后の登壇」（『日本史研究』447，1999年），古瀬奈津子「摂関政治成立の歴史的意義——摂関政治と母后」（『日本史研究』463，2001年）参照。

考えるべきだろう。実頼は村上天皇の誤解をねらったのか、単に村上天皇の死没という意味で「非常の事」といったのか、判断はむつかしい。いずれにしても、天皇家の思惑が貴族たちの意志に押し切られたと表現できようか。

　この後、政権を担う摂政関白が短期で次々と替ったこともあり、各摂政関白がそれぞれ自分がもっとも政権運営を行いやすい皇子を皇太子に立てたため、天皇家は拡散した。花山天皇は藤原伊尹の外孫であり、一条天皇と三条天皇は藤原兼家の外孫である。ただ、皇太子が即位した時にはすでに摂政関白が替っていることがしばしばあったから、政治状況はより複雑になった。その典型が三条天皇と藤原道長の確執であり、敦康親王（藤原道隆外孫）がついに即位できなかった事例である。

　もちろん、天皇は独自の尊貴性を持ち、摂関家の操り人形だったわけではない。しかし、天皇と政権担当者とが関係に円滑を欠けば、国政は不安定にならざるをえない。先にも書いたように、国政の不安定は貴族たちが本質的に忌避するものであり、大方の貴族たちの支持を失って天皇が存立しえるものではない。道長が自身の外孫たる敦成親王（後一条天皇）をすでに有した状況の下では、後見のない敦康親王の即位はありえなかった。

また、敦明(あつあきら)親王がついに身を退かざるをえなかったのは、道長の圧力によるという理解も間違いではないが、敦明親王の外祖父である藤原済時(なりとき)やその子通任(みちとう)、キサキの父である藤原顕光(あきみつ)が政権担当者としての資格・能力に欠けると貴族たちが判断し、道長政権の継続を望んだ結果だったと理解すべきだろう。その状況下では天皇(敦明親王)と道長との間で意思疎通に齟齬(そご)が生じ、国政が不安定になることが容易に想像される。

その後、後一条・後朱雀(ごすざく)、後冷泉(ごれいぜい)・後三条(ごさんじょう)と皇位が兄弟継承されるものの、天皇家は拡散することなく、頼通(よりみち)政権の下で国政は安定して推移する。ただその一方で、摂関家はようやく衰えを見せはじめ、流動する社会の領導者たることがむつかしくなっていく。そうした現状に不満を抱き、新たな秩序の構築を望む人々は、外戚(がいせき)関係にない頼通が天皇家と疎遠になったこともあって、後三条天皇の権力基盤の形成に参画していった。

4 院政期の皇位継承

院政(いんせい)期は、旧来は古代に含まれていたが、近年は中世史の研究対象となっている。したがって、次章でも扱われるのだが、古代史の見方と中世史のそれとはおのずと異なるところがあるだろう。そのため、古代史の立場から若干のコメントを加えよう(図12)。

後三条天皇は、白河天皇に譲位するとともに弟の実仁親王を皇太子に立て、さらに輔仁親王の即位も予定した。これはみずからに発する皇統を複数化し、天皇家を豊かにする試みだが、白河天皇にしてみれば、自身の血脈が天皇家として残ることができる可能性が低くなるのだから、平静ではいられなかったろう。先の光仁・桓武・早良の関係とほぼ同じである。

今回は、実仁親王が早世したのをうけて、白河天皇はすかさず皇子である堀河天皇に譲位した。さらに堀河天皇が早逝すると、輔仁親王がいるにもかかわらず、幼い孫の鳥羽天皇を即位させた。輔仁親王の即位を支持する勢力を牽制するために、白河院が国政

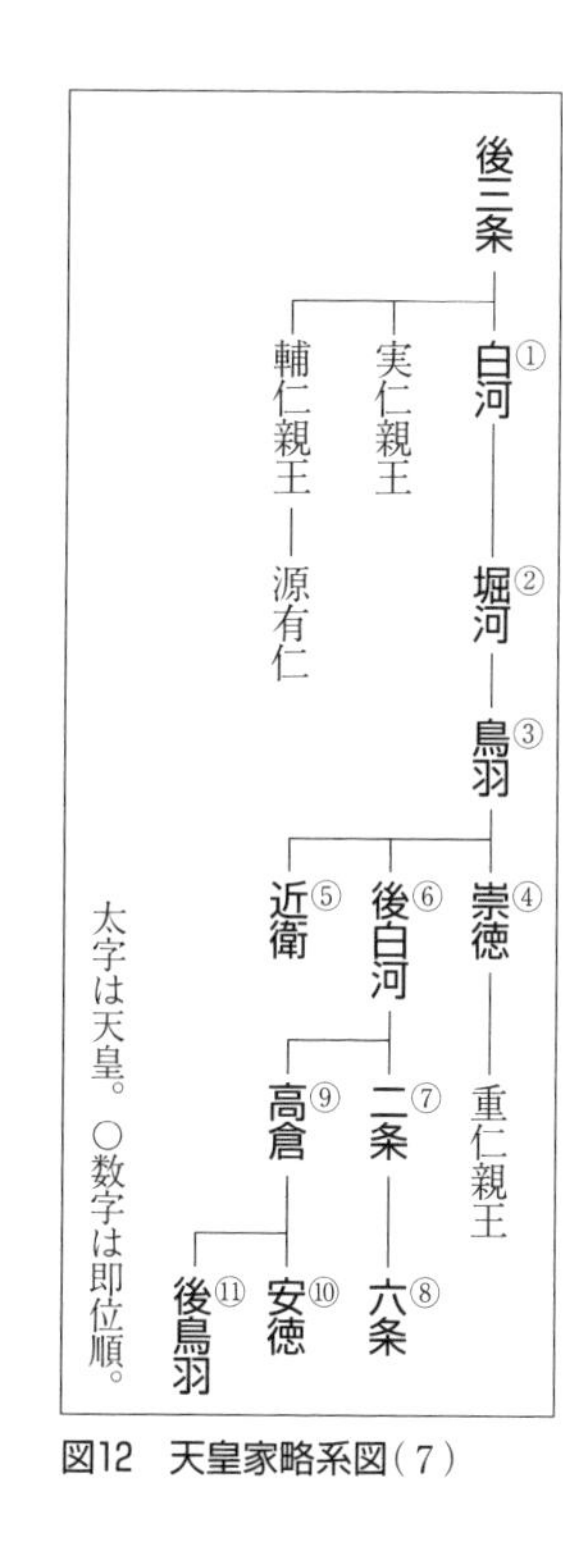

図12　天皇家略系図（7）

に口入するようになる――つまり院政の始まり――のはこれからである。

白河院は、鳥羽天皇から崇徳天皇（白河院の皇子ともいわれる）への譲位を実現させた後に死去するが、「治天の君」の地位（＝権力のありどころ）を白河院からそのまま受け継いだ鳥羽院は、崇徳天皇に譲位させ、自身の後継と定めた近衛天皇を即位させる。しかし、近衛天皇が早逝したため、守仁親王（二条天皇）の即位を考えたが、その父がまだ存命だったため、まず父（後白河天皇）を即位させる。その後、鳥羽院が没すると、皇位から阻害され不満を抱いていた崇徳院と後白河天皇との間で、摂関家・源氏・平氏を巻き込んで武力衝突が勃発する。保元の乱である。

勝利した後白河天皇は、権力を掌握する好機だったにもかかわらず、当初の予定通り二条天皇に譲位し、二条天皇を中心とする政治が始まる。しかし、二条天皇が幼い六条天皇に譲位して早逝すると、自然と後白河院の発言権が強まり（院政開始）、後白河院は六条天皇に譲位させて、皇子である高倉天皇を即位させる。

その後、平清盛が政権を取り、高倉天皇は安徳天皇に譲位し院政を行うが、高倉院が没し、平氏が源氏に追われて（安徳天皇を擁しつつ）都落ちする中で、後白河院は都に残っていた後鳥羽天皇を即位させる。この後鳥羽天皇の時に源頼朝が征夷大将軍に任じられ、後に承久の乱で敗れた後鳥羽院が隠岐へ流され、朝廷は国政の主導権を完全に喪失するのである。

この時期、皇位が目まぐるしく動いているように見えるが、「治天の君」の地位が〈白河院→鳥羽院→後白河院〉と安定して継承されている（短い二条天皇親政期と高倉院政期を挟むが）ことからすれば、皇位継承に連動して国政が不安定になることはなかったと考えてよいのだろう。院政下では、天皇は皇太子のごとき存在になったといわれることがあるが、先に見たように、皇太子制が皇位の安定にあまり寄与しなかったごとく、この時期の皇位継承は、近視眼的に見るよりも巨視的に天皇家のあり方を眺めた方が、政治状況がよく理解できるのではないかと思う。

おわりに

天皇がみずから独裁的な権力を握って国政を領導したことはほとんどなかった。当然のことながら、ほぼ常に豪族・貴族たちとの連携の中で国政運営のあり方が決定された。しかし一方で、天皇は大和朝廷の時代にも律令国家の時代にも平安の王朝貴族の時代にも院政期にも、国家にとって必要不可欠の存在だった。したがって、利害関係の対立や国家の方針の相違などで豪族・貴族たちが二派に分かれて争うような時は、それぞれの勢力の中心には天皇候補たる皇子がおり、勝利した側の皇子が天皇となり、敗北した側の皇子は失脚し、生命を落とすことも多かった。平安中期以降は、さすがに生命を落とすような事例はなくなり、貴族たちの支持の下で皇位継承が行われていった。

抽象的な言い方ながら、国家のあり方が(天皇と)豪族・貴族たちの総意によって形作られるとすれば、国家のあり方と皇位継承の様相は連動し、逆に、皇位継承の様相から国家がいまどのような方向を指向しているかがうかがい知れるのではなかろうか。

第2章　中世の皇位継承

高橋　典幸

はじめに

本章では中世の皇位継承について概観する。古代とは異なる中世の特徴を端的に述べれば、武士の台頭といえよう。それは鎌倉幕府や室町幕府の成立として結実する。ただし武家政権に政治の実権が移動してもなお、朝廷・貴族社会の政治的役割が失われたわけではない。むしろ武家政権は朝廷・貴族社会と密接に関わりながら展開していったと見ることができる。

天皇の地位が代々引き継がれていくことは、朝廷・貴族社会にとってはその存立を支える大前提であるが、武家政権も無関係というわけにはいかなかった。これまた次第に深く関わっていくことになるのであり、皇位継承を概観することは中世の公武関係や政治史を広く見わたすことにつながっているのである。

朝廷・貴族社会そのものも古代のままではなかった。院政（いんせい）の成立に象徴されるように、新たな動きを見せるようになるのであるが、その原動力になったのも皇位継承であった。院政期についてはすでに第1章でもふれられているが、「誰が皇位継承を決めたか」、さらにはそれが「どのように実現されたか（あるいは、されなかったか）」という点に注目してとらえ直すところから、中世の皇位継承を見ていくことにしたい。

1　院政期の皇位継承

院政と皇位継承

中世の皇位継承を考える場合、まず注目すべきは、治暦（ちりゃく）四年（一〇六八）四月の後三条（ごさんじょう）天皇の践祚（せんそ）である。後三条天皇は、宇多（うだ）天皇以来、一七〇年ぶりに藤原氏を外戚（がいせき）としない天皇であった。十世紀後半以来、藤原摂関家（ふじわらせっかんけ）が天皇の外戚の地位を独占し、天皇のミウチとして皇位継承に深く関与してきた。藤原道長（みちなが）が四人の娘を歴代の天皇の后妃（こうひ）とし、その所生の皇子を次々と即位させ、外戚の地位を再生産したのはその典型である。続く頼通（よりみち）もまた、娘や養女を天皇の后妃として外戚の地位の確保をめざしたが、いずれも皇子が誕生することはなく、後三条天皇の践祚にいたったのである。摂関家による外戚独占・摂関家主導の皇位継承は、后妃とした摂関家の女子が皇子を生むという、単純でありながら不安定な条件に依拠したものだったのである。[1] 後三条天皇の登場は、こうした皇位継承方式の終焉を象徴する出来事であった。

では、その後の皇位継承はどのように行われたのであろうか。この点についても注目されるのが後三条天皇である。践祚からわずか五年目の延久四年(一〇七二)十二月、後三条は皇太子貞仁(白河天皇)に譲位してしまうのであるが、それは、前年に生まれた実仁(白河の異母弟)に皇位を継承させることを意図したものであった。すなわち譲位・白河践祚と同時に、実仁が皇太弟に立てられているのである。後三条にとっては、白河よりも実仁が意中の子であり、彼に確実に皇位を伝えるため、すすんで譲位したのであった。[2] 後三条はみずからの意志で皇位継承者を決めようとしたのである。

後三条はさらに、実仁の後はその弟輔仁に皇位を継承させたいと考えていたらしいが、

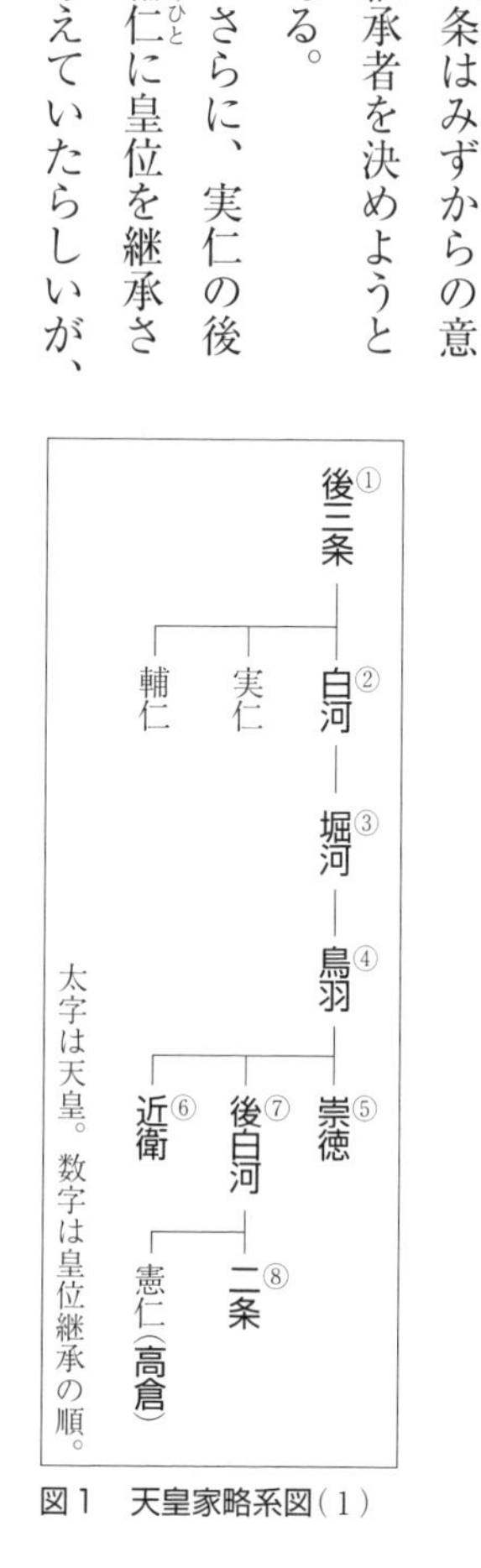

図1 天皇家略系図(1)

1 本郷恵子「院政論」(大津透他編『岩波講座日本歴史第6巻 中世1』岩波書店, 2013年)。

2 河内祥輔・新田一郎『天皇の歴史04 天皇と中世の武家』(講談社, 2011年), 美川圭『後三条天皇』(山川出版社, 2016年)。

譲位して半年も経たないうちに死去してしまったため、実仁や輔仁の登位を見届けることはできなかった。後三条の皇位継承構想は結局、白河天皇によって阻まれてしまうことになる。

後三条と異なり、白河はなかなか譲位しなかった。実仁や輔仁に皇位を譲ることを嫌ったのである。ところが、実仁が応徳二年（一〇八五）十一月に早世すると、翌年十一月、白河は自分の皇子善仁を皇太子に立て、即日譲位・善仁の践祚（堀河天皇）を敢行したのである。さらに、康和五年（一一〇三）正月に堀河の第一皇子宗仁が誕生すると、早くも八月には宗仁を皇太子に立てている。いまだ有力な皇位継承候補であった輔仁に皇位を渡すまいとする白河の戦略であった。その後、嘉承二年（一一〇七）七月、堀河の早世により宗仁が践祚（鳥羽天皇）、保安四年（一一二三）正月には、鳥羽の第一皇子顕仁を皇太子とし、これまた即日、譲位・践祚（崇徳天皇）が行われた。こうして白河は、子・孫・曽孫の三代にわたる皇位継承を実現したのである。

白河による皇位継承は、以上のように、父後三条の構想を否定するものであった。しかし、みずからの意志で皇位継承者を決めようとした点では、白河は後三条の志向を受け継いでいたのであり、長寿を保ったことによってその志向を実現したのである。すなわち後三条・白河によって、天皇ないし上皇みずからが皇位継承者を決定するという、新たな皇位継承方式が生み出されたのである。

この方式を確実なものとするために、白河はみずから政治の実権を握ることになった。いわゆる院政の成立である。院政とは、退位した天皇（太上天皇・院）が現天皇に対する父権を根拠に国政を掌握する政治形態であるが、その目的ないし本質は意中の子孫に皇位を継承させることにあった。[3] 中世の皇位継承と院政とは密接な関係にあったのである。

また、こうして太上天皇（院）の主導の下、その直系の子孫に皇位が伝えられていくことによって、天皇という地位を代々継承するイエ「天皇家」が形作られてくることになる。[4] 院政期に登場した新たな皇位継承方式は、天皇家の家長（それは院政の主権者「治天の君」でもある）の意志によって後継者が決定されるものだったのである。

皇位継承をめぐる軋轢

院政や天皇家家長の意志による皇位継承といっても、その成立・定着にあたってはさまざまな葛藤・軋轢が発生した。その根本的な原因は、太上天皇（院）と天皇の意志の衝

3 本郷前掲註1論文，河内・新田前掲註2著書。

4 栗山圭子『中世王家の成立と院政』（吉川弘文館，2012年）。

突であった。譲位後も政治の実権を握った白河であったが、堀河が成長し政治に関与し始めると、両者は競合するようになり、白河院政が本格化するのは、堀河没後のことであった。

皇位継承に関して注目されるのは、保安元年(一一二〇)、白河の熊野参詣中に、鳥羽天皇と関白藤原忠実との間で忠実の娘勲子の入内交渉が進められ、それに激怒した白河によって忠実が内覧(天皇に奏上する文書や天皇が裁可した文書を予め見る権限)を停止させられた事件である(『中右記』保安元年十一月九・十二日条等)。すでに鳥羽のもとには白河の養女璋子(のちの待賢門院)が入内、中宮となっており、第一皇子顕仁が誕生していた。白河は顕仁に皇位を継承させることを構想していたのである。ところが、そこに関白忠実の娘が入内し、皇子が誕生することにでもなれば、それは白河の皇位継承構想(意志)にとって重大な障害になる。また白河は、鳥羽が主体的意志を発揮する危険性も感じ取ったのであろう。践祚当時は五歳の幼帝であった鳥羽も一八歳となっていた。事件の三年後、白河は鳥羽を退位させ、五歳の顕仁を践祚させている(崇徳天皇)。

以後、多くの天皇が成人後早い段階で退位し、かわって幼帝が登位することが慣例となるが、それは太上天皇(院)と成人した天皇との意志の衝突を回避するための措置であったと考えられる。[5]

もう一つ、皇位継承に関して注目されるのは、天皇家の家長の交代によって、前代の家長が定め置いた皇位継承と新たな家長の意志とがしばしば齟齬を見せたことである。大治四年(一一二九)七月に白河が没した後、新たに天皇家家長となった鳥羽は、永治元年(一一四一)十二月、崇徳を退位させ、寵姫藤原得子(のちの美福門院)との間に生まれた体仁(近衛天皇)を践祚させた。これも、成人に達した天皇(崇徳は二三歳になっていた)にかえて幼帝(近衛は三歳)を即位させた事例ではあるが、[6]鳥羽が皇位継承に独自の意志を発揮しようとした側面も見逃すことはできない。さらに、その後の経緯を考えると、それは白河の意志を覆すことになった。すなわち久寿二年(一一五五)七月に近衛が早世すると、鳥羽は守仁を新たな皇位継承者と定め、その父雅仁を中継ぎとして践祚

図2　鳥羽上皇像(『天子摂関御影』宮内庁三の丸尚蔵館蔵)

5　美川圭「中世天皇の退位・譲位」(『日本歴史』840号, 2018年)。

6　佐伯智広「鳥羽院政期王家と皇位継承」(佐伯『中世前期の政治構造と王家』東京大学出版会, 2015年。初出は2012年)。鳥羽は崇徳を「叔父子」と呼んで嫌ったとする説があるが, これが崇徳退位の原因だったわけではないことは, 美川圭「崇徳院生誕問題の歴史的背景」(『古代文化』56巻10号, 2004年)参照。

させ（後白河天皇）、守仁を皇太子に立てた。白河によって皇位継承者と定められていた崇徳とその子孫は皇位継承から外されてしまったのである。

このように天皇家家長の交代は、皇位継承を定めた前代の家長の意志を不安定化させた。保元元年（一一五六）七月に鳥羽が没した際も同様で、後白河天皇と崇徳院との皇位継承をめぐる争い、保元の乱を引き起こしたのである。

保元の乱は後白河の勝利に終わり、保元三年八月には守仁が践祚し（二条天皇）、形の上では鳥羽の意志が引き継がれたように見えるが、平治の乱を経て、今度は後白河・二条父子の対立が浮上する。両者の対立は応保元年（一一六一）九月に頂点に達し、二条は後白河の院政を停止するにいたるが、その直接の発端は、後白河と寵姫平滋子（のちの建春門院）との間に憲仁が誕生し、後白河の近臣が憲仁を皇太子に立てようと画策したことにあった（『源平盛衰記』）。ここでも皇位継承をめぐる意志の軋轢を認めることができよう。

後白河・二条の対立は、永万元年（一一六五）七月、二条が早世し、後白河院政が復活したことにより終息する。さらに気が付けば、天皇家には後白河以外、家長を務めることができる人間はいなくなっていた。以後、後白河は子・孫三代（高倉・安徳・後鳥羽）

の皇位継承を実現、結果として白河に次ぐ長期の院政の主となったのである。

後三条・白河によって始められた新たな皇位継承方式、天皇家家長の意志による皇位継承は、院政という政治形態とともに、以上のような曲折を経ながら、後白河にいたって定着することになった。

2 鎌倉時代の皇位継承

鎌倉幕府の関与

天皇家の家長が皇位継承者を決めるとはいっても、個々の局面では摂関や外戚、院の近臣など、さまざまな人間が関わっていた。そうした中で、次第に存在感を増してくるのが武士や武家政権である。

皇位継承に深く関与した武士の嚆矢(こうし)は平清盛(きよもり)である。[7] 清盛は娘徳子(とくこ)(のちの建礼門院(けんれいもんいん))を高倉天皇の中宮に入れ、二人の間に生まれた言仁(ときひと)を即位させ(安徳(あんとく)天皇)、外戚の地位を得ている。ただし高倉・安徳への皇位継承自体は後白河院自身の意志でもあり、清盛の動きには後白河の意志を実現する一面もあったことは見逃せない。

その後、安徳と平家一門を西国に追い、京都を占拠した木曽義仲(きそよしなか)が、自身の擁する北(ほく)

7 髙橋昌明『平清盛　福原の夢』(講談社, 2007年)。

陸宮(以仁王の子、後白河の孫)の即位を主張したが、後白河に拒否されている(『玉葉』寿永二年〈一一八三〉八月十四・十八・二十日条)。また建久九年(一一九八)正月、後鳥羽天皇が土御門天皇に譲位した際、源頼朝は幼主(土御門は四歳)の即位に懸念を示し、後鳥羽の兄守貞もしくは惟明の即位を提案したが、その意見は受け入れられなかった(『玉葉』建久九年正月六・七日条)。

図3　後鳥羽天皇像(水無瀬神宮蔵)

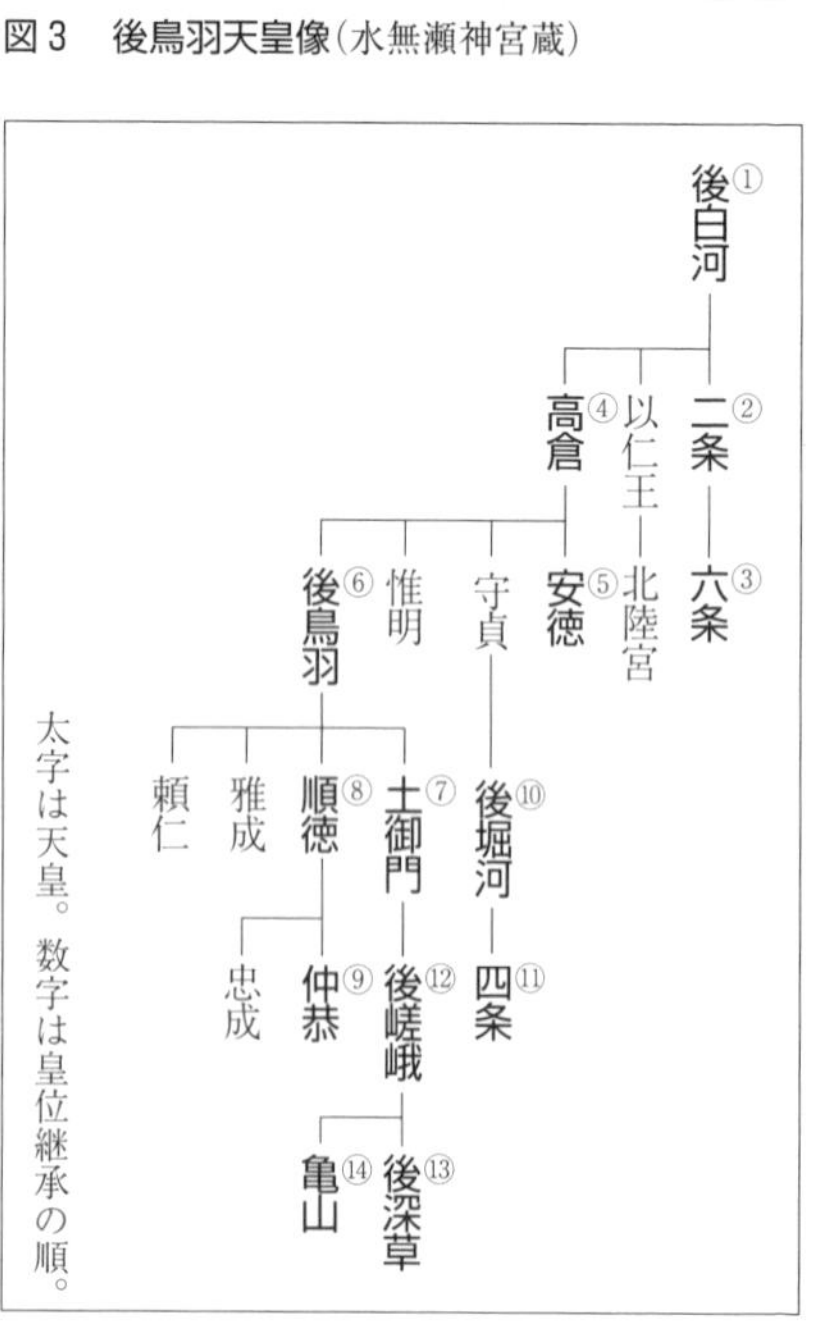

図4　天皇家略系図(2)

皇位継承と武士との関わりの大きな転換点になったのが、承久三年（一二二一）に勃発した承久の乱である。鎌倉幕府に敗れた後鳥羽は隠岐に配流され、後鳥羽院政は停止された。ただし武士による院政停止は初めてのことではない。すでに治承三年（一一七九）十一月、軍事クーデターにより平清盛が後白河院を幽閉し、院政を停止していた。承久の乱の画期性は、さらに進んで、幕府が皇位の廃立に及んだことにある。仲恭天皇を廃し、新たな天皇家の家長として守貞（建暦二年〈一二一二〉に出家し、行助と名乗っていた）を擁立し（後高倉院）、その子茂仁を皇位につけたのである（後堀河天皇）。

これに関連して注目されるのは、土御門・順徳院と雅成・頼仁親王も処分され、配流とされたことである。彼らは承久の乱の「共謀者」ではあるが、いずれも後鳥羽の皇子であることが重要である。すなわち幕府は、後鳥羽とその子孫を天皇家から一掃して、守貞（後高倉）から始まる新しい天皇家で皇位が継承されていくことを企図したのである。

しかし、その後の事態は幕府の思い通りには進まなかった。仁治三年（一二四二）正月、四条天皇が一二歳で急死し、後高倉の皇統は断絶してしまうのである。皇位継承候補者には、土御門の子（邦仁）と順徳の子（忠成）しか残されていなかった。いずれも後鳥羽の孫であり、後鳥羽の皇統が復活することになった。順徳が後鳥羽の正嫡であったことから、貴族社会の大半は忠成の即位を支持・期待していた。

ただし天皇家の家長も不在（後高倉・後堀河はすでに没していた）という状況で、貴族たちのみで新天皇を決めるわけにもいかず、朝廷は幕府の意向をうかがう使者を派遣した。幕府の回答を待つ間、天皇位が空位となってしまうこと、そもそも幕府が皇位決定に関与することに不満を抱く貴族もいたが、幕府の回答は、彼らの予想に反して、邦仁を新天皇とするというものであった。こうして後嵯峨（ごさが）天皇が即位することになった。

幕府としては、承久の乱の張本である後鳥羽は赦すことはできないのである。後鳥羽の皇統の復活がやむをえないという状況においても、その正嫡の登位はなんとしても回避しなければならないというのが幕府の判断であった。[8]『五代帝王物語』に、時の執権（しっけん）北条泰時（ほうじょうやすとき）が、上洛する使者に対して、「もし忠成が践祚していたならば、引きずり下ろしてしまえ」と指示したという話が伝えられているが、当時の幕閣の決意の程がうかがえる逸話である。幕府の断固たる決意を前にしては、貴族たちも従うしかなかった。

承久の乱・後嵯峨天皇の即位という二つの事件を通して、鎌倉幕府は皇位継承に深く関わっていくことになったのである。それは、皇位継承に、天皇家家長の意志に加えて、武家政権の意志が介在するようになったことを意味する。

8 河内・新田前掲註2著書。

両統迭立の時代

後嵯峨天皇は、寛元(かんげん)四年(一二四六)正月、後深草(ごふかくさ)天皇に譲位し、院政を始める。前項で見た即位の経緯から、後嵯峨は幕府との協調を旨としていた。そのためであろう、後嵯峨の治世は親政・院政あわせて、鎌倉時代最長の三〇年にも及んだ。ところが、その後嵯峨が、この後の皇位継承に大きな禍根を残すことになってしまう。

文永(ぶんえい)九年(一二七二)二月に後嵯峨が死去した時、天皇家家長として院政を行いうるのは、後深草院・亀山(かめやま)天皇兄弟のいずれかであった。二人の父として、また前代家長として、後嵯峨はどちらかを指名すべきであったが、その意志を示すことなく死去してしまったのである。その理由は定かではないが、『五代帝王物語』によると、後嵯峨は幕府にその決定を委ねたという。

これは中世の皇位継承にとって重大な出来事であった。1節で見たように、後三条・白河以来の皇位継承は天皇家家長の意志によって成り立っていた。さまざまな軋轢を生み、紆余曲折を経ながらも、「誰に皇位を伝えたいか」「誰を次代の家長とするか」という意志が、皇位継承の原動力になっていたのである。それを後嵯峨はみずから放棄してしまったのである。

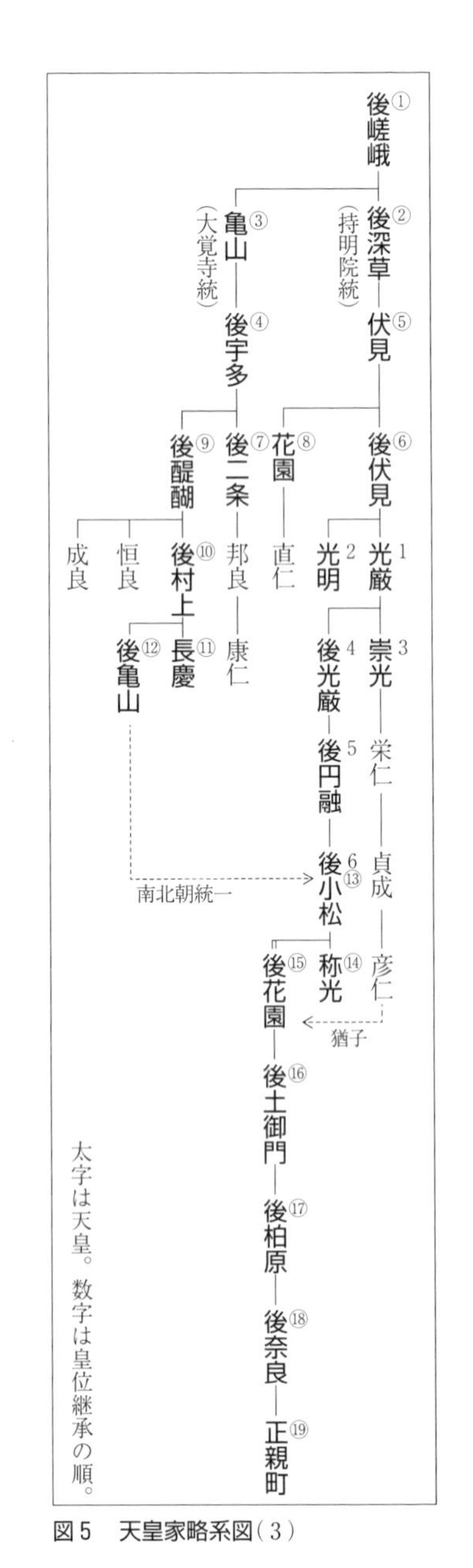

図5　天皇家略系図(3)

一方、前項で見たように、鎌倉時代になると皇位継承に鎌倉幕府の意志が深く介在するようになり、幕府の支持なしでは皇位継承は実現しなくなっていた。しかし、幕府の意志というものは、後鳥羽の正嫡を回避するという一点に尽きるのであり、積極的に「誰に皇位を伝えたいか」「誰を次代の家長とするか」を指示するものではなかったのである。幕府からすれば、後嵯峨の付託は荷が重すぎたといえよう。

後深草・亀山いずれも、自分の子孫に皇位を伝えることを志向し、対立する。この二人を制御すべき後嵯峨の意志は示されなかったため、幕府が解決にあたることになるが、確たる方針を示すことはできず、結果として、後深草・亀山いずれの子孫にも皇位につく道が開かれた。いわゆる両統迭立である。

このことを天皇家に即して見直すと、直系の子孫により皇位を継承していくイエ(天皇家)が、後深草の皇統(持明院統)と亀山の皇統(大覚寺統)に分裂したことを意味する。後三条・白河以来、天皇家家長の意志により皇位継承者が決められてきたのであるが、天皇家そのものが分裂すると、家長の地位も二つに分かれることになり、持明院統・大覚寺統それぞれの家長の一存では皇位継承者を決められなくなってしまったのである。そこで両統から求められるようになったのが、幕府の意志だったのである。幕府は持明院統・大覚寺統の協議によって、すなわち天皇家の内部で皇位が決められることを望んだが、結局、皇位継承が問題となるたびに調停に乗り出さざるをえなかった。[9]

なお「両統迭立」とは、持明院統・大覚寺統からかわるがわる天皇が即位したことを意味するが、それはあくまでも結果である。持明院統・大覚寺統いずれも自統によって皇位を独占することを意図し、幕府にさまざまな働きかけを行っていた。[10]幕府の調停により皇位が決定されるということを共通の了解事項とし、なるべく自統に有利な条件を幕府から引き出そうとして、両統が角逐をくりひろげていたのが両統迭立の実態である。

9 新田一郎「継承の論理」(網野善彦他編『岩波講座天皇と王権を考える　第2巻 統治と権力』岩波書店，2002年)。

10 河内・新田前掲註2著書。

図6　後醍醐天皇像（清浄光寺〈遊行寺〉蔵）

こうした状況の中で、大覚寺統の一員として登場したのが後醍醐天皇である。後醍醐もまた自分の子孫に皇位を伝えることを強く志向した一人であるが、彼が両統迭立下の他の天皇と異なるところは、「幕府の調停により皇位が決定される」ことを了解事項としてそのまま認めなかった点にある。この了解こそが両統迭立状況を規定し続けているのであり、両統迭立を脱し、自分の子孫に皇位を伝えるためには、幕府を倒す必要があると、後醍醐は考えたのであった。後醍醐天皇を討幕運動へと衝き動かしていったのは、皇位継承に対する強い意志だったのである。一方の鎌倉幕府からすれば、承久の乱以来、皇位継承に深く関わらざるをえなくなっていたにもかかわらず、両統迭立状況に直面して、明確な方針を定められなかったことが命取りになったといえよう。

3 南北朝・室町・戦国時代の皇位継承

南北朝の並立

元弘(げんこう)の変で後醍醐天皇の討幕計画が失敗すると、皇太子の量仁(かずひと)(持明院統)が即位し(光厳(こうごん)天皇)、大覚寺統から康仁(やすひと)(後二条の孫)が皇太子に立てられた。しかし、元弘(げんこう)三年(一三三三)五月に鎌倉幕府が滅亡し、配流先の隠岐から京都に復帰した後醍醐は、すべてを元弘の変以前に戻すことを宣言する。すなわち光厳の即位や康仁の立太子は「なかった」ことにされたのである。これにより光厳は皇太子の地位に戻ることになるが、同年十二月、後醍醐は光厳を皇太子から外し(その代わり、太上(だいじょう)天皇の尊号を贈った)、翌年正月、自分の子恒良(つねよし)を皇太子に立てた。鎌倉幕府のみならず、両統迭立状況も破壊して、自分の子孫に皇位を伝えていく意志を明示したのである。

しかし後醍醐の皇位継承計画はすぐに挫折する。足利尊氏(あしかがたかうじ)の離反により建武新政(けんむしんせい)は瓦解、さらに尊氏は光厳院を擁立し、建武三年(一三三六)八月にはその弟豊仁(ゆたひと)を皇位につけ(光明(こうみょう)天皇)、後醍醐に対抗した。結局、後醍醐は尊氏に屈し、十一月には三種の神器(じんぎ)を光明天皇に引き渡した。ここで注目されるのは、後醍醐に太上天皇の尊号が贈られるとともに、後醍醐の皇子成良(なりよし)が皇太子に立てられていることである。すなわち尊氏は両統迭立の形式を維持することによって、事態の解決を図ろうとしたのである。尊氏にとっては、両統迭立が皇位継承のあるべき姿とみなされていたのである。[11]

もちろん、後醍醐は両統迭立に満足しない。十二月には吉野(よしの)に出奔し、自分が正統の天皇であることを主張する。こうして二人の天皇、二つの朝廷が並び立つ南北朝期を迎えることになる。後醍醐が自分の意志を実現するためには、武家政権と袂を分かつ必要があったのである。以後、南朝では後村上(ごむらかみ)・長慶(ちょうけい)・後亀山(ごかめやま)と、後醍醐の子・孫に皇位が継承された。

一方の北朝では、光厳が院政を行い、貞和(じょうわ)四年(一三四八)十月には息子の益仁(ますひと)(のち興仁(おきひと)に改名)を皇位につけ(崇光(すこう)天皇)、従弟の直仁(なおひと)親王を皇太弟に立てた。[12] しかし、北朝は南北朝の動乱の中で廃絶の危機に瀕する。すなわち室町幕府で内紛(観応の擾乱(かんのうのじょうらん))が勃発すると、尊氏・義詮(よしあきら)父子は対立する直義(ただよし)一派を討伐するため、観応二年(一三五一)十

11 家永遵嗣「室町幕府の成立」(『学習院大学文学部研究年報』54輯, 2007年), 河内・新田前掲註2著書。

12 直仁立太子の経緯については, 飯倉晴武『地獄を二度も見た天皇　光厳院』(吉川弘文館, 2002年)および49ページ図7参照。

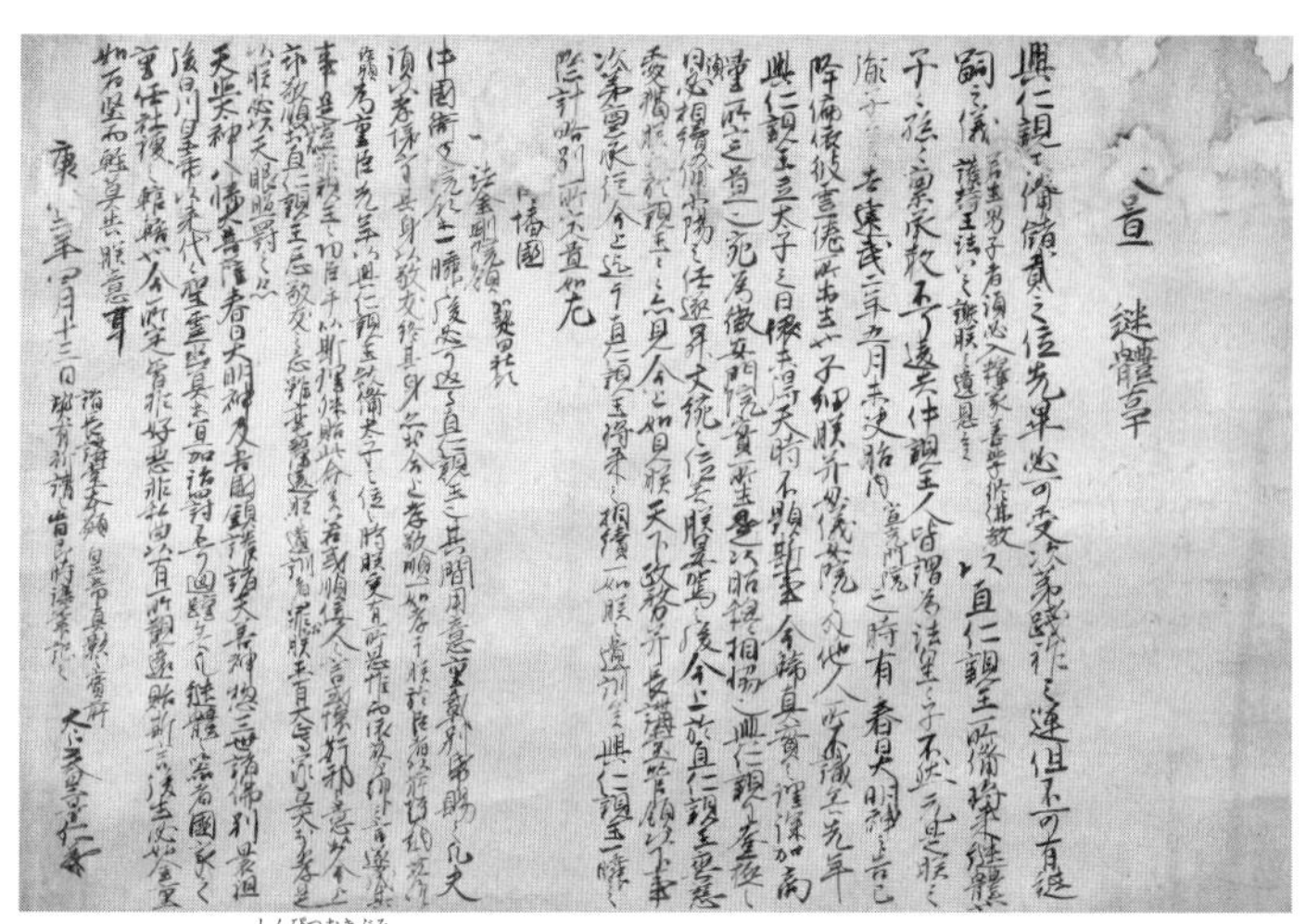

図7　光厳上皇宸筆置文（しんぴつおきぶみ）（鳩居堂蔵，東京大学史料編纂所撮影）　光厳上皇は皇子興仁親王（崇光天皇）を即位させると，従弟の直仁親王を皇太子に立てた。実は直仁は光厳の子だったのである。この置文はまだ皇太子であった興仁に宛てて，直仁が光厳の実子であることを明らかにし，興仁即位後は，直仁とその子孫に皇位を伝えることを示している。（48ページ参照）

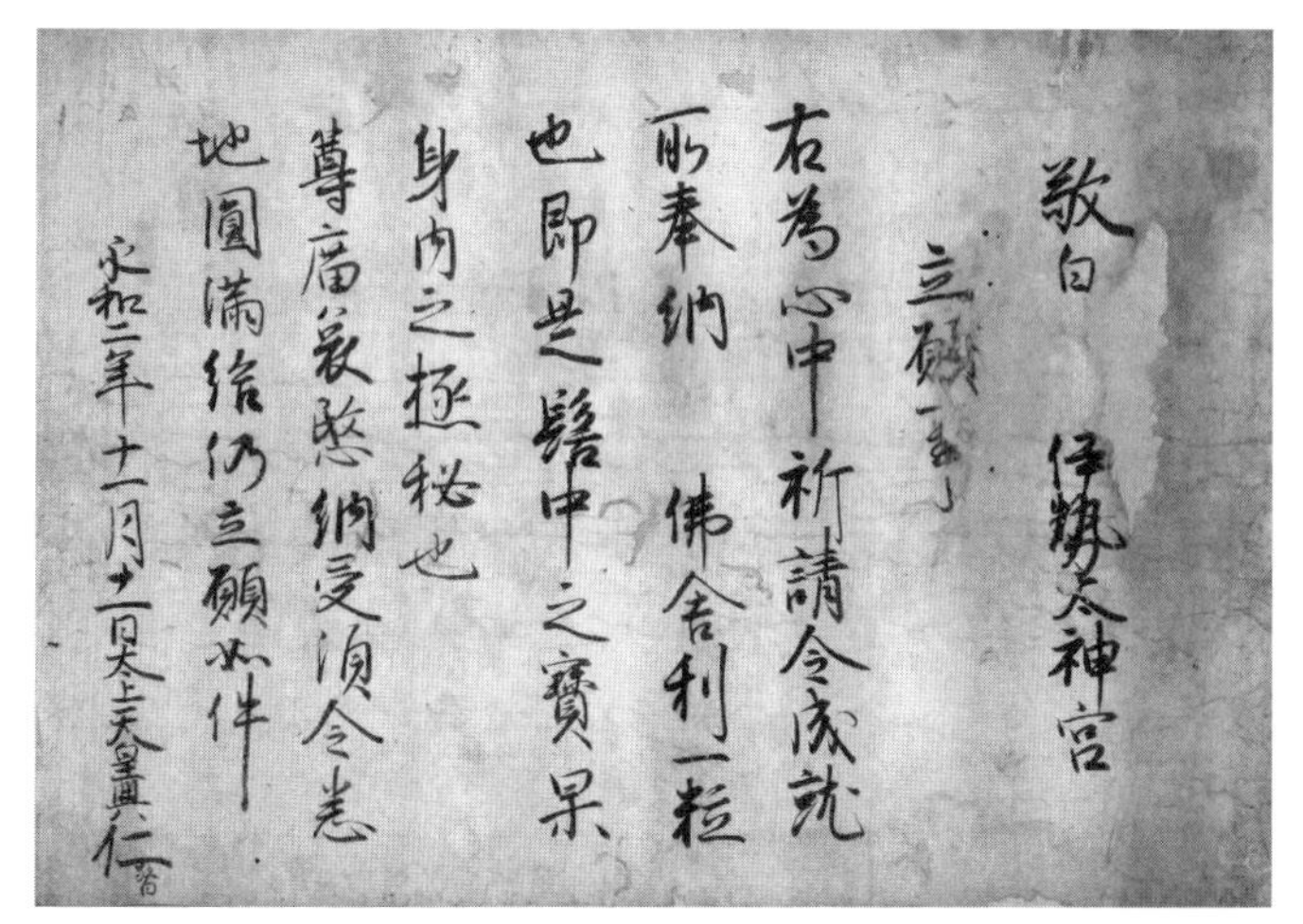
敬白　立願一事
伊勢太神宮
右為心中祈請令成就
所奉納　佛舎利一粒
也即是髻中之寶果
身内之極秘也
尊廟哀愍納受須令遂
地圓滿給仍立願如件
永和二年十一月十一日太上天皇興仁

図8　崇光上皇宸筆願文（早稲田大学図書館蔵）　崇光上皇が仏舎利とともに伊勢神宮に奉納した願文。持明院統の正嫡を強く意識していた崇光は，前年11月に元服した皇子栄仁親王の即位を祈願したものと見られる。日付の下の署名「太上天皇興仁」のうち，「仁」字が崇光の直筆。（52ページ参照）

一月、南朝に帰順する形で講和してしまうのである。これにより朝廷は南朝に一本化されることになり(正平の一統)、北朝の崇光天皇・皇太子直仁は廃されてしまったのである。

さらに南朝は光厳皇統の接収も意図していた。翌観応三年閏二月には正平の一統は破綻し、南朝は賀名生に撤収することになるが、その際、光厳・光明・崇光院と直仁も連れ去ったのである。皇位継承候補者のみならず、皇位継承者を決めることができる家長(候補者)の身柄も拘束することによって、京都において光厳皇統が成り立たないようにしたのである。これまで見てきたように、院政期以来、天皇家家長の意志が皇位継承の原動力になっていたのであるが、北朝・光厳皇統にはその起動装置が失われてしまったのである。

南朝と決別し、北朝を再建しなければならない幕府にとって、これは重大問題であった。幸い光厳の皇子弥仁が京都に残っていたが、誰も彼に即位を命じることができないのである。結局、幕府は光厳院生母広義門院(藤原寧子)を担ぎ出し、彼女の命令として弥仁践祚に向けた手続きを進めることになった。もちろん広義門院は天皇家家長たりえないので、弥仁の践祚(後光厳天皇)は、群臣により推戴された古代の継体天皇の先例に拠るとされた[13]。

こうして北朝は再建されたが、異例ずくめの即位は後光厳の正統性に疑問を抱かせることになり、北朝は長く諸儀式の停滞に悩むことになる[14]。南朝による北朝廃絶・光厳皇統接収は成功しなかったものの、当時の皇位継承の核心を鋭く衝く試みであったといえよう。

皇統の一本化

明徳(めいとく)三年(一三九二)閏十月、南北両朝はついに和睦(わぼく)する。実質的には南朝と室町(むろまち)幕府との和睦であったが、後亀山天皇が南朝に伝えられた三種の神器を「譲国之儀(じょうこくのぎ)」により北朝の後小松(ごこまつ)天皇に引き渡す、すなわち後亀山から後小松への譲位という形がとられた。

さらに注目されるのは、北朝・南朝両天皇家の子孫が交替で皇位につくことが約束されたことである。これはかつての両統迭立の復活である。幕府はなお両統迭立をあるべき皇位継承の姿とみなしていたようにも見えるが、結果的にそれは空手形に終わった。

すなわち応永(おうえい)十八年(一四一一)十一月に後小松の皇子躬仁(みひと)に親王宣下(せんげ)が行われ、翌年八月践祚(称光(しょうこう)天皇)、後小松院政が行われるようになったのである。南北朝和睦後、後

13 今谷明「観応三年広義門院の「政務」について」(今谷『室町時代政治史論』塙書房, 2000年。初出は1997年), 河内・新田前掲註2著書。

14 小川剛生『二条良基研究』(笠間書院, 2005年)。

小松の皇太子は空位のままであったが、和睦の当事者足利義満が応永十五年五月に急死すると、幕府は、両統迭立を認めず、後小松の子孫で皇位を継承させていく方針に切り替えたらしい。応永十七年十一月に後亀山が突如吉野に出奔しているが、これは幕府の方針変更に対する抗議行動と見られている。

称光天皇即位に反発して、畿内各地で旧南朝勢力の反乱事件が相次ぐ。また称光が早世した際も、旧南朝の宮を擁立しようとする動きが活発化する。しかし幕府の方針はぶれなかった。むしろ旧南朝の宮たちの多くを出家させ、その断絶をすら画策している。[15] 鎌倉幕府とは異なり、室町幕府は皇位継承に断固たる方針で臨もうとしたのである。

実はこの時期、持明院統も皇位継承をめぐる不安定要素を内部に抱えていた。正平の一統の際に南朝に連れ去られた光厳院たちである。彼らは後に帰京を許されるが、いずれも後光厳とは不仲であった。とくに持明院統の家長を自認していた光厳にとって、自分の意志とは関わりなく即位した後光厳は、我が子ながら赦せなかったようである。帰京後も廷臣の参向を拒絶し、嵯峨に隠棲してしまう。持明院統相伝の所領や持明院統の正嫡に伝えられてきた琵琶の秘曲も、後光厳ではなく、崇光に譲られた。[16] こうした経緯から、崇光も持明院統の正嫡意識を強く抱き、息子栄仁親王の即位を幕府に働きかけて

15 森茂暁『闇の歴史，後南朝』(角川書店，1997年)。
16 豊永聡美『中世の天皇と音楽』(吉川弘文館，2006年)。

いたのである。

しかし、ここでも幕府の方針はぶれなかった。崇光の運動は認められず、皇位は後円融・後小松・称光と、後光厳の子・孫・曽孫に継承されていったのである。幕府は新たな皇統対立の芽を摘み、後光厳流による皇統の一本化を図ったのである。

称光天皇が正長元年(一四二八)七月に後継者なくして早世したことは想定外の事態ではあったが、かえって皇統の一本化を進めることになった。後小松院は健在であったものの、後光厳流には他に皇位継承候補者はいなかったため、崇光の曽孫彦仁が後小松の猶子という形で後光厳流を継承し、皇位についた(後花園天皇)。これにより崇光流・後光厳流の対立は解消されることになったのである。以後、後土御門・後柏原・後奈良・正親町と、皇位は父子で継承されていく。

戦国期になると、室町幕府は衰退し、それにともなって朝廷の諸儀式も滞るようになる。肝心の皇位継承儀礼についても、後土御門以後は即位礼の執行もままならず、大嘗会は行われなくなる。譲位しようにもその経費が調達できず、後土御門・後柏原・後奈良はついに天皇在位のまま没している。[17] ただ、かつては譲位が皇位継承のための手段であったことを考えると、戦国期にはそれを駆使する必要がない程度に安定的な皇位

17 末柄豊『戦国時代の天皇』(山川出版社, 2018年)。

継承が実現するようになったともいえよう。もちろん、天皇家そのものが縮小し、他に選択肢がなくなっていた側面も見逃せない。

おわりに

中世の皇位継承は、天皇ないし上皇みずからが意中の子孫に皇位を伝えようとしたことを最大の特徴とする。ただし現実には、それは複雑な様相を帯びることになった。天皇や上皇の意志がそのまま実現したわけではないのである。天皇家内の対立や世代交代、さらには鎌倉幕府の介入によって、皇位継承をめぐる意志はしばしば不安定化・流動化し、ついには二人の天皇が並存する事態まで現出した。そうした混乱も経つつ、戦国期には父子間での直系継承が姿を現すようになる。それは「意中の子孫に皇位を伝えたい」という意志の帰結ではあるが、その必然的結果というわけではない。さまざまな影響をうけた結果、皇位の父子間直系継承という形にたどり着いたと見るべきだろう。

第3章　近世の皇位継承

村　和明

はじめに

天皇とそれを支える集団は、その姿を変えながら有史時代のほとんどを通じて日本に存在してきたが、近世についてはもっとも関心が低いように思われる。それは政治的な実権が、幕末のごく限られた時期・状況を除いて江戸幕府の手中にあったためであろう。研究も他の時代に比べるとともしかったのであるが、昭和天皇の死が取り沙汰されはじめたころから、幕府の支配体制や宗教面との関わりについての研究がさかんになり、天皇家や朝廷についての基礎研究が相当に進展してきた。本章ではそれ以来の研究蓄積を踏まえ、現在の皇位継承問題への社会的な関心にも留意して、皇位継承の経緯、上皇(じょうこう)や皇嗣(こうし)のあり方などについて概観したい。

1　天下人と上皇の時代

統一政権と皇位継承

戦国時代の朝廷は、政治・経済などあらゆる面で衰微し、皇位継承にともなう儀式を挙行できなかったため、生前譲位も途絶した。生前譲位が再び行われるようになったのは、武士による天下統一が現実的になってからである。

豊臣秀吉はみずからの覇権確立に朝廷を利用することを考え、自身に官位を与えるかわりに正親町天皇[1]から誠仁親王への譲位費用の拠出を約束し、上皇のための御所も造営を始めていたが、親王が急死してしまったため、天正十四年(一五八六)十一月七日、親王の子和仁親王(一六歳、後陽成天皇)へ、ひさしぶりの生前譲位が行われた。[2]皇位継承の一八日後、即位の礼が行われたが、関白となっていた秀吉は、紫宸殿で天皇が南面して座る高御座に、南側から出入りし、諸臣にみずからの地位を示した。この時あわせて秀吉は太政大臣となり、豊臣の姓を得ている。二年後、秀吉は天皇を聚楽第に行幸せしめ、諸大名から誓詞を徴収してみずからの権威を示すとともに、天皇・上皇にそれぞれ別の財源を保証した。

1 近世には，天皇も将軍も庶民も，死後に贈られた院号で呼ばれるのがふつうであった。天保11年（1840）に光格天皇（兼仁）が没した際，天皇号が874年ぶりに復活し，以降の仁孝・孝明は没後天皇号で呼ばれた。

なお秀吉の時代の皇位をめぐっては、日本史上めずらしいトピックがある。秀吉が朝鮮半島に侵攻した際、北京に後陽成天皇を移し、「日本帝位」つまり日本の天皇には第一皇子良仁親王か皇弟八条宮智仁親王をあてるとの構想を示し、行幸の先例調査も始めさせたのである。実現していればきわめて異例の皇位継承(?)となったであろうが、明・朝鮮の反攻と秀吉の死により、実現はしなかった。

秀吉は皇嗣として良仁親王を推していたが、後陽成天皇は第三皇子三宮を望み、関ヶ原合戦後に良仁親王を仁和寺に入室させ、三宮の皇嗣としての地位を明らかにした。

慶長十四年(一六〇九)末ころから後陽成天皇は譲位の意思を示しはじめた。家康はすぐには同意せず、家康・秀忠のいずれかが上洛しなければ不可能、と伝えた。同十六年(一六一一)三月二十七日、家康が上洛した上で、一六歳の政仁親王(三宮、後水尾天皇)に譲位がなされた。翌日、家康は豊臣秀頼を二条城に引見し、また即位礼が行われた四月十二日には諸大名を二条城に集め、三か条の誓約をとりつけた。近世初頭の二回の皇位継承は、天下人が主催して、みずからの覇権を視覚的に明示するための政治的な一大イベントとして行われた点に、大きな特徴があったといえよう。

後陽成上皇は後水尾天皇に文書や什器をなかなか引き渡そうとせず、両者の不和はし

2 藤井讓治『天皇の歴史5　天皇と天下人』(講談社学術文庫, 2018年, 初出2011年)。以下, この項の記述は主にこの著書による。なお, 以下に注記する文献は, なるべく入手しやすく平易なものを掲げた。

ばらく朝廷の政治問題であった。

後水尾と東福門院の時代

後水尾天皇は寛永六年(一六二九)十一月八日、三四歳で突如として位をおり、わずか七歳の女一宮(興子内親王)が八五九年ぶりの女帝として受禅した(明正天皇)。おそらく、近世でもっとも著名な皇位継承であろう。幕府をまきこんだ大きな政治問題となったこと、さらにいえば、幕府と朝廷の「対立」を象徴する例として注目されてきたのである。[3]

後水尾自身による説明が残っていないため、その理由は明瞭にしがたい。女一宮への譲位については後水尾が寛永五年(一六二八)から要望していたが、秀忠に制止され続けていた。[4] 譲位にかかわるさまざまな儀式や上皇が住む御所の整備などは、徳川家に頼らなければ不可能であったから、その支持をとりつけず、また朝廷内にもほとんど知らせずに譲位を強行したことは、かなりの激情に動かされての行為だったように思われる。後日に息子の後光明天皇にあたえた訓戒のなかで、怒りによる言動を強くいましめ、後で必ず後悔する、年を重ねればわかるようになる、と述べているのは、この時の経験を踏まえているように読めるとの指摘がある。であれば、特定の一つの理由を求めよう

3 以下，この譲位については熊倉功夫『後水尾天皇』(中央公論新社，2010 年，初出『後水尾院』1982 年)，藤田覚『天皇の歴史 6　江戸時代の天皇』(講談社学術文庫，2018 年，初出 2011 年)。後者は近世の天皇の通史としてよくまとまった最新の成果である。以下，特に注記しない事実関係については，この著書が典拠である。

図2　後水尾天皇像(御寺泉涌寺蔵)

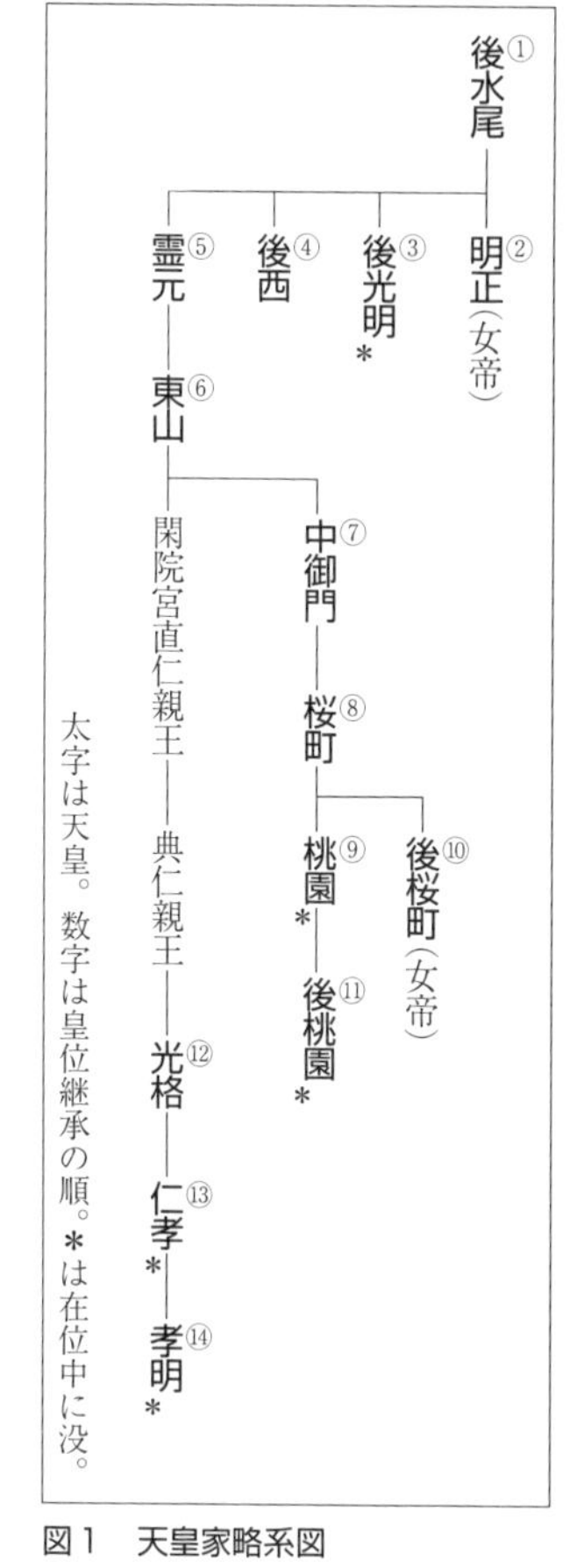

図1　天皇家略系図

4 藤井讓治「八月二日付徳川秀忠仮名消息をめぐって」(『近世史小論集——古文書と共に』思文閣出版，2012年，初出2002年)。

としても、あまり意味がないであろう。

　現在の通説的な理解としては、まず同時代の大きなトピックとして、後水尾天皇が正式に発給した文書の効力が幕府によって否定されてしまった紫衣事件への不満がある。その他、大名が伝えた京都の情報では、天皇が公家たちに官位や領地を自由に与えられず支配が難しいこと、天皇家の米や金が役人の手で市中に貸し付けられているのが屈辱的であること、徳川家から輿入れした和子（東福門院）以外の女性が天皇の子を妊娠すると次々に始末されること、[5]などが噂されていた。政治的な不満以外に、皇位にあると鍼灸による腫物治療ができないとの通念があったことも理由の一つと考えられている。これらが重なって、徳川家がデザインした自身の地位のありように耐えられなくなった、というあたりが穏当な説明であろう。

　江戸幕府がこれに激怒したことも著名である。幕府としては和子が産む男子への継承を望んでいた。和子は男子二人を産んでおり、とくに一人目の高仁親王が誕生した際は幕府はもちろん朝廷もかなりの祝賀ムードとなったのだが、[6]ともに一年ほどで早世してしまい、後水尾天皇が譲位したがるのを制止していた状況であった。また直近の例からして、後水尾から徳川家の血を引く男帝への皇位継承は、徳川家の全国支配をさらに盤

5 和子の入内から後水尾の譲位までは，系図に記録されている子女のすべてが和子所生で，譲位後には別の女性の子が大量に記録されていることから，この皇子についての噂は頭から否定はしがたいところがある。まだ戦乱の世の経験者ばかりの時代であるから，現代人が感じるほど異様な話ではなかったのかもしれない。

6 久保貴子『後水尾天皇――千年の坂も踏みわけて』（ミネルヴァ書房，2008年）。

石のものとするための重要な政治的イベントとして利用できる可能性があっただろう。秀忠は年寄たちを上京させ、摂家(せっけ)たちに対して、以後朝廷運営に問題が生じた場合は責任を問うと厳達した。後水尾はその後、前述したようにかなり後悔したふしがあり、子供たちに対しても徳川家による平和と天皇家の安定の実現を評価する訓戒を書き残している。[7]

この後、皇位継承にあわせた天下人・将軍の上洛は行われなくなり、家光(いえみつ)が後水尾天皇譲位の五年後に上洛した後は、将軍の上洛自体が幕末まで行われなくなった。徳川家の血を引く皇統の継続も実現することはなかった。女帝明正は生涯不婚で、譲位後も男性を近づけぬよう幕府の厳しい監視下に置かれ、和子に続く徳川家からの輿入れも行われなかった。徳川家の血を引く和子とその娘である明正には計二〇〇名をこえる幕臣が付けられたが、後光明天皇以降、より少数の幕臣を御所の監視・守衛・財政の管理などのために置くだけとなった。[8]徳川家の諸大名に対する支配が安定すると、皇位継承の政治的価値は低下し、朝廷と幕府の関係も安定し、官僚化・形式化が進んでいく。

さて、後水尾は長命で、譲位後も次々に子をもうけ、その生前に明正・後光明・後(ご)西(さい)・霊元(れいげん)と、実に四人の子女があいついで皇位についた。正妻である東福門院が産んだ

7 幕府の支配を前提に，そのもとでの繁栄をめざすのが近世の天皇・上皇たちの基本路線であった（山口和夫「近世の朝廷・幕府体制と天皇・院・摂家」『近世日本政治史と朝廷』吉川弘文館，2017年，初出2006年）。

8 村和明「近世朝廷の制度化と幕府」（『日本史研究』618，2014年）。

図３　東福門院（徳川）和子像（光雲寺蔵）

のは明正のみであったが、他の三名も形式上は東福門院の子として扱われた。明正は突発的な受禅、後光明・霊元は予定された受禅、後西は後光明の急死後霊元の成長を待つ中継ぎ、との違いはあるが、この時代の朝廷は、おおむね後水尾と東福門院を中心に動いていた面がある。

明正の在位中、幕府は後水尾上皇が朝廷において院政（いんせい）を行うことを公認した。正親町上皇や後陽成上皇は朝廷を公的に主導したとはいえず、上皇が朝廷を主宰する慣行も、ここに正式に復活したのである。

秀忠の娘である東福門院和子は、後水尾の正妻であるのみならず、徳川家の京都における出先機関のようにも機能していた。[9] 象徴的であるのが承応三年（一六五四）、後光明天皇の没後、中継ぎとして花町宮（はなまちのみや）（後西天皇）が皇位を継承した際、幕府は新天皇につ

9 村前掲註8論文。生家とのつながりを保ち続けるのは武家社会の慣行であった。

いて、行状が悪ければ東福門院の判断で、いつでも高貴宮（霊元天皇）に皇位を渡すように指示していることである。幕府も江戸に腰をすえた家光、幼少の家綱の時代となり、京都の事情にも暗くなってゆき、幕府にとっても特別な存在であったこの夫妻[10]にある程度運営を任せていたものと思われる。

夫妻の晩年、寛文三年（一六六三）に、予定通りに皇位を継いだのが霊元である。彼は能力も高い反面、我も強く、後水尾は側近を霊元天皇に付けて監視・養育の任にあたらせた。だがこの地位は、後水尾法皇の没後、天皇に近侍するポストに変質する（霊元により議奏と名付けられた）。

2　霊元と制度整備の時代

五宮受禅への紛争

貞享四年（一六八七）、霊元からその第四皇子五宮（東山天皇）への譲位は、後水尾と東福門院の没後初めての皇位継承であったが、近世ではめずらしく、朝廷でたいへんな軋轢を生じることになった。霊元天皇は近臣の娘で寵愛する典侍松木宗子（敬法門院）が産んだ五宮に皇位を譲るため、衆目の一致する皇位継承者であった第一皇子一宮をいち早

10 和子はもちろん，後水尾も徳川家が初めて立てた天皇であり，後の天皇よりも優遇された（松澤克行「近世の公家社会」『岩波講座日本歴史　第12巻　近世3』岩波書店，2014年）。

く出家させることにしたが、外戚の小倉一族が激しく反抗したため、多数の人員で小倉邸を取り囲んで一宮を連行し、小倉一族を流罪などに処し、最後は出家をどうしても受け容れない一宮の手足を、僧たちが押さえつけて剃髪させたのであった[11]（済深入道親王）。

他方で霊元は、皇太子として冊立する儀式（立太子儀）を三三五年ぶりに再興した[12]。中世に途絶した儀式や行事を再興することは、近世朝廷の一貫した志向であったが、この時は異例な経緯で皇嗣となった五宮を荘厳化する狙いもあった[13]。この後、皇位を継承すべき者（皇嗣）は、まず「儲君」と公式に定められ、ついで親王宣下を受け、次に立太子を経て皇太子（東宮、春宮ともいう）となり、皇位を継承する、という段階を踏むようになった。

五宮の受禅後、二二一年ぶりに大嘗祭（大嘗会）が再興された。幕府が余分の支出を頑として認めなかったため、他の皇位継承関係の儀式を節減し、大嘗祭自体も相当に略式で行われた[14]。朝廷内からも批判の声が出たのであるが、これも荘厳化の一環であった。皇位を継承した後、天皇は大嘗祭の他、もっとも起源が古く大陸の影響も強い即位式、それに付随して行われる密教的祭祀の即位灌頂など、いくつかの儀式を行っていく。これらは数年の間に順次行われてゆくが、これらを経なければ天皇ではない、との理解は

11「基量卿記」天和二年十月二十八日条（『霊元天皇実録』3巻，ゆまに書房，2005年）。

12 宮内庁書陵部編纂『皇室制度史料　儀制　立太子　2』（宮内庁，2017年）。後水尾天皇の受禅直前にも計画されたが，儀式当日に中止されたという。

13 野村玄「天和・貞享期の綱吉政権と皇位」（『天下人の神格化と天皇』思文閣出版，2015年，初出2010年）。

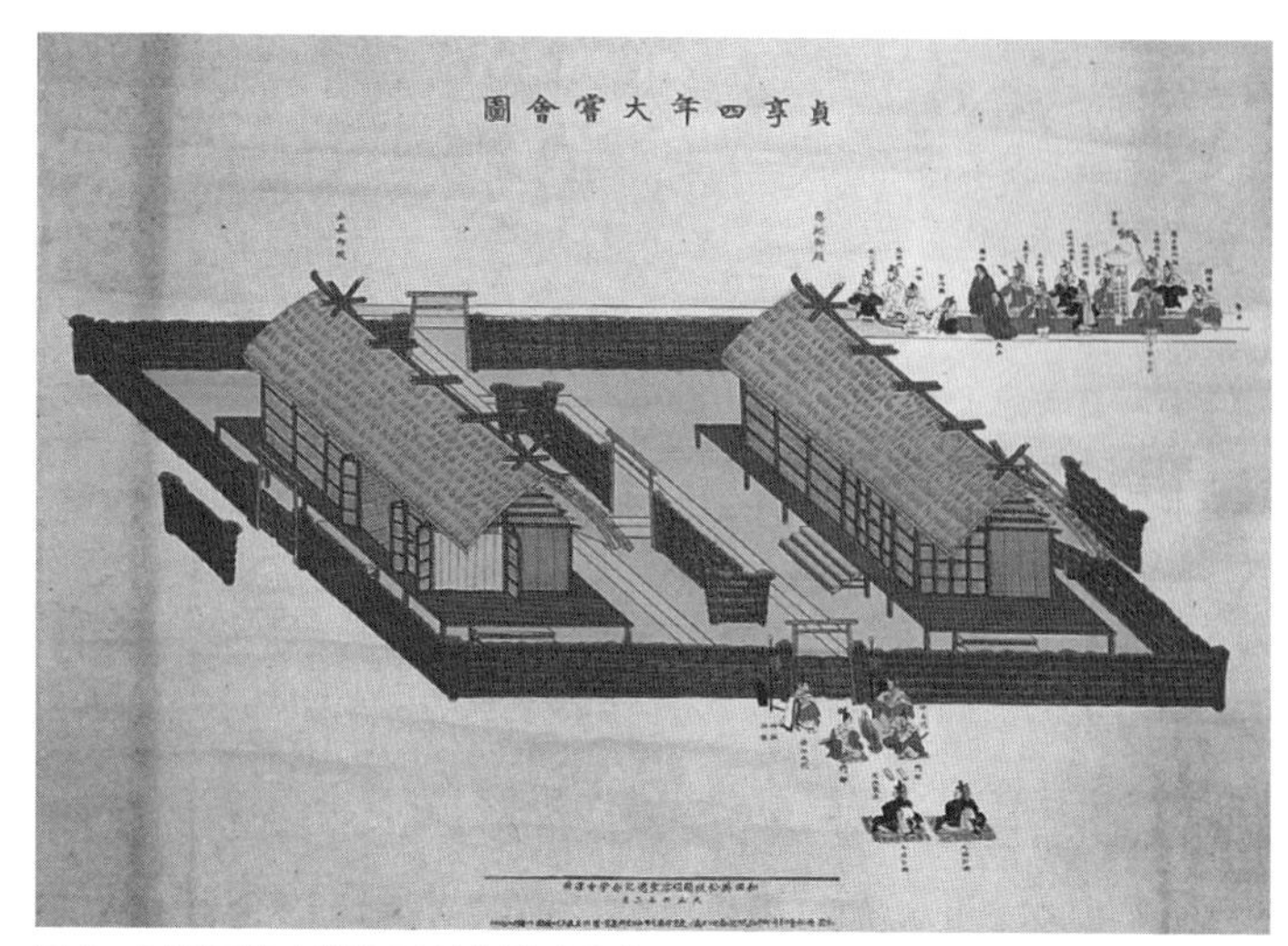

図4　**「貞享四年大嘗祭会図」**(國學院大學図書館蔵) 大正期の復元図。

図5　**霊元天皇像**(御寺泉涌寺蔵)

14 武部敏夫「貞享度大嘗会の再興について」(岡田精司編『大嘗祭と新嘗』学生社, 1979年, 初出1954年)。

近世にはあまりなかったようである。[15]

儀式だけでなく、職制の上でも新たな動きが見られた。霊元は、五宮に近侍する公家を定め、輪番でその御所に参仕させた。みずからの近臣でもある外戚に指揮統率させており、後継者を自身の手中で養育するためであったろうが、同時にこれも五宮の荘厳化の一環であった。中世以来、公家たちがいくつかの組に分かれ、輪番で御所に詰める「小番」という仕組みがあった。生前譲位が復活すると、上皇の御所に参仕する公家(院参衆、伺候衆)も必要となり、公家の二、三男などに新しい家を立てさせて出仕させ、公家の家数も増えていたのだが、上皇たちが次々に没すると、彼らはみな霊元天皇の御所(禁裏御所)の番衆として編成し直されていた。ここから多数の人員を割くのは初めてであった。以降しばらくは、皇嗣のための御所が幕府によって造営され、そこに番衆が出仕するのが定例となった。[16]

五宮に譲位するに先立ち、霊元は院政をしく準備に入った。皇位継承者の選定についてはとくに介入しなかった幕府だが、この時は京都所司代土屋政直が介入、近臣や後宮の動きに注文を出して、譲位後の霊元による天皇への関与を抑止しようとした。実際には霊元上皇は口をさしはさみ続け、関白・武家伝奏ら禁裏御所の首脳を悩ませてゆく。[17]

15 近世では次の天皇となる者のもとへ剣璽(いわゆる三種の神器のうちの２つ)が移動する儀式で，皇位についたものとみなされた(藤田覚「近世の皇位継承」歴史学研究会編・加藤陽子責任編集『天皇はいかに受け継がれたか――天皇の身体と皇位継承』績文堂出版，2019 年)。

職制の上では、霊元は院政のため、譲位後のみずからに奉仕する院伝奏という役職を、天皇の側近である議奏と兼任させることを考えたのだが、結局院御所の機構は、天皇・関白らによる朝廷運営に関与しない性格のものとして定着してゆく。後水尾の時代に公的な院政が復活し、霊元はこれを制度の上でも固定しようとしたが、果たせなかったのであった。

直系相続の安定

後水尾上皇の生前には、その子が四代続けて天皇となった。これに対し霊元上皇の生前には東山・中御門(なかみかど)、その没後も桜町(さくらまち)・桃園(ももぞの)と、直系男子による皇位継承が安定して行われた。霊元上皇も長命で、摂政(せっしょう)・関白を歴任した近衛(このえ)家とはしばしば対立したが、皇位継承については安定した時代となった。とくに桜町(昭仁(てるひと))は、明正以来ひさしぶりに天皇の正妻(近衛尚子(ひさこ)、新中和門院(しんちゅうかもんいん))が産んだ長男、つまり生まれながらの皇嗣であり、生まれた享保(きょうほう)五年(一七二〇)中に早くも儲君・親王となって、同二十年(一七三五)に受禅するまで、一五年の長きにわたり皇嗣であった。同十七年(一七三二)までは曽祖父霊元法皇も健在で、直系の上皇・天皇と、五摂家(ごせっけ)筆頭を外戚とする皇嗣が存在した、皇位

16 村和明「皇嗣付の職制と天皇・上皇」(『近世の朝廷制度と朝幕関係』東京大学出版会, 2013年, 初出2010年)。

17 久保貴子『近世の朝廷運営』(岩田書院, 1998年), 田中暁龍「京都所司代土屋政直と貞享期の朝幕関係」(『近世前期朝幕関係の研究』吉川弘文館, 2011年, 初出2010年)。

継承の面からすると理想的な時期であった。この時期、霊元譲位の前後に政治抗争のなかで形作られたさまざまな職制も定着し、上皇・天皇・皇嗣それぞれに奉仕する公家の職制が確立した。皇嗣付を出発点に、上皇付・天皇付の役人として累進し、武家伝奏にいたる昇進ルートができあがった。[18]

一方で、不安定な時代が到来する予兆も見られた。東山天皇は、宝永六年(一七〇九)六月二十一日に譲位してからわずか半年後、三五歳の若さで没した。父霊元上皇が健在であり、再び院政を行ったため、[19]朝廷が大きく動揺することはなかったが、この後数代にわたり、上皇・天皇の早世が続いてゆくことになる。

3 上皇不在の時代

上皇の早世

中御門上皇は譲位の約二年後、三七歳の若さで没した。霊元上皇はすでになく、桜町天皇は一八歳と、成人はしていたが若かった。桜町天皇はかなり意欲的に朝廷運営にあたったが、先例よりも早い譲位を望み、天皇も皇嗣も若すぎるという廷臣や幕府の制止を押し切って、延享四年(一七四七)五月二日、二八歳の若さで、わずか七歳の遐仁親

18 村前掲註 16 論文。
19 山口和夫「霊元院政について」(『近世日本政治史と朝廷』吉川弘文館, 2017 年, 初出 1998 年)。

王（桃園天皇）に譲位した。これに先立ち、桜町は側近柳原光綱にむかい、院政を行うが表向きは摂政を立てるので内々のこと、と述べ、柳原は院政を行うための早期譲位と幕府にとられては問題、とたしなめている。院政は朝廷運営の基本的な体制とはいえなくなっていた。桜町上皇は実際に内々の院政を行うが、[20]その約三年後に没してしまう。またも上皇不在、しかも今度は天皇はいまだ幼少であった。

上皇が不在で天皇が幼年となると、実質的な朝廷運営は摂政・関白、およびこれを輩出し大臣ともなる五つの摂家（近衛・九条・二条・一条・鷹司）によることになるが、このころはなぜか五摂家でも当主の若死が頻発し、その権威も薄らいでいた。[21]朝廷は首脳部に重みを欠き、権威を強化したい摂家と、天皇の成長に期待する他の公家たちの対立が深まり、宝暦事件などの内紛が勃発するようになる。この時期、皇嗣を天皇正妻の養子や「実子」（実の親との関係を遮断する、もっとも関係の強い養子）とする慣例が定着し、[22]外戚の権威が抑えられたのも、関連した動向であろう。桜町上皇が没した後、摂家たちは政治上の重大問題について、桜町の正妻であった女院青綺門院（二条舎子）に、彼らの決定を上皇のかわりに権威づける役割を求めたが、[23]十分に機能したとはいえない。

上皇の三代続いた早世は、将来の皇位継承にも影をおとしていく。かつて後水尾と霊

20 村和明「桜町上皇と朝廷運営」（前掲註 16 著書，初出 2010 年）。
21 松澤前掲註 10 論文。1730 〜 70 年に没した五摂家 14 名のうち，実に 8 名が 30 歳未満であった。
22 久保前掲註 17 著書。外戚による政治介入は，石田俊の一連の仕事にくわしい。
23 渡辺雄俊「青綺門院と宝暦事件」（『書陵部紀要』49，1997 年）他。

元は、多数の男児をもうけ、世襲（せしゅう）親王家は霊元上皇の在世中に四家にまで増え、多くの男子が門跡（もんぜき）寺院に入寺した。しかし上皇の早世が続くと、天皇家の男子は一気に希少となってゆく。[24]

かつて皇嗣は、はじめ外戚の家で養育され、皇嗣となった後は独自の御所に居住していたが、外戚が摂家であった昭仁親王（桜町天皇）以来、天皇が住む禁裏御所のなかに居住するようになる。[25] 御所を造営する幕府の財政難という背景もあろうが、皇位継承者候補の激減に伴い、天皇の近くで手厚く養育するという姿勢の表れであるかもしれない。

天皇の早世

宝暦十二年（一七六二）七月十二日、桃園天皇が在位したまま二二歳の若さで没した。ついに譲位まで生きられないようになってしまったのである。すでに若宮（後桃園（ごももぞの）天皇）が皇嗣に定められてはいたがまだ五歳と幼少であり、摂家たちは桃園天皇の姉である智子（さとこ）（としこ）内親王を中継ぎの天皇に立てた。女帝の近い先例としては明正天皇があったが、あまり好ましい先例とはみなされなかったようで、この処置には朝廷内の批判も多かった。

後桜町（ごさくらまち）天皇は七月二十七日に践祚（せんそ）し、翌年十一月二十七日に即位式を行う。即位の

24 天皇の子が少ない構造的な要因として，幕末の武家伝奏三条実万は，公家たちが財政窮乏のため娘の後宮出仕を忌避する傾向を指摘していた（佐藤雄介「三条実万と幕末の朝廷財政」『近世の朝廷財政と江戸幕府』東京大学出版会，2016 年）。

25 村前掲註 16 論文。

日、興味深いできごとがあった。紫宸殿に白いカラスがとまったとの証言があり、古代の延喜式に照らして瑞祥と判断され、証言者は褒賞として特別に昇進した。ところがある公家は、当日の噂では白い羽が混じったカラスであり、これを白いカラスとする政治とは、と批判を書き残している。[26] 当時の朝廷首脳が、深い不信感のなか、皇位継承の正統性をなんとか強調しようとあがいたことが、よくうかがえるエピソードではないだろうか。後に傍系から皇位についた光格天皇の在位中、天明六年(一七八六)にも「瑞兆としての白いカラスの出現」というできごとが繰り返されており、[27] それなりに効果があったのかもしれない。

明和七年(一七七〇)十一月二十四日、後桜町は一三歳になった皇嗣英仁親王に譲位したが、この後桃園天皇は父と同じ二二歳で早世してしまう。霊元以来の直系は、ついにここで途絶えることになった。

担ぎ出されたのは、閑院宮典仁親王の六男、九歳の祐宮(兼仁、光格天皇)であった。閑院宮家は初代である東山天皇の六男直仁親王の直系であったから、累代の皇族ではあるが、後桃園天皇との血縁関係はきわめて薄かった。後桃園天皇の娘である正妻欣子内親王(新清和院)の権威が重く、遠い傍系から皇位を継いだ光格天皇ははじめ周囲の敬意

26 以下,『後桜町天皇実録』第1巻(ゆまに書房, 2006年)。
27 藤田覚『光格天皇——自身を後にし天下万民を先とし』(ミネルヴァ書房, 2018年)。やはり実際には白い羽が混じったカラスであったという。以下,光格については同書による。

図6　光格天皇像(御寺泉涌寺蔵)

を相対的に欠いた状態にあった。光格は天皇のあり方にきわめて自覚的で、政治面でも意欲的に活動した天皇として知られるが、その人格形成にはこうした皇位継承の経緯が大きく意味をもっていた。

後桜町上皇は長命であったが、後桃園天皇・光格天皇の教育に意を配ったこと以外は、もっぱら文化面の活動で知られており、院政の復活にはいたらなかったらしい。

天皇が在位中に没する異常事態が続くなか、皇嗣が定まっていても、五摂家は皇位継承に際して幕府の許可を求めた。幕府は短い時間で機械的に承認しているようであるが、皇位継承が遠く江戸の幕府の判断のもとに行われたため、皇位の空白期間が毎度のように発生し、公家たちは朝廷運営への批判・不満を日記に書き残している。

4 幕末の皇位

光格天皇は三七年の長い在位ののち、一八歳の皇嗣恵仁親王(仁孝天皇)に皇位を譲った。光格上皇は長命であり、明確な院政の体制はとらなかったものの、仁孝天皇や関白は絶えずその助言を求めており、権威として重きをなし続けた。天保十一年(一八四〇)十一月十九日に光格上皇が没すると、朝廷は八七四年ぶりの天皇号(在位中の事績にちなむ諡号との組合せでは九五四年ぶり)を贈った。

仁孝天皇は弘化三年(一八四六)一月二十六日に四七歳で急死し、一六歳の皇嗣統仁親王が践祚した。幕末政治史にその名が特筆される孝明天皇である。ペリー来航後、アメリカとの条約締結をめぐり、天皇の政治判断がまことにひさしぶりに求められて以降、全国統治・外交レベルの政治に天皇個人が関与するようになり、孝明天皇は幕府をみずからの政治的要求に従わせるべく、退位を交渉のカードに用いるようになる。[28]

ところが、尊王攘夷派の公家が朝廷を支配するようになると、天皇個人の実際の発言力は逆に大きく衰えた。公武合体派による文久三年(一八六三)八月十八日のクーデターの直前、孝明天皇が中川宮に送ったクーデターをそそのかす書状では、将軍家茂を従

28 以下,孝明については藤田覚『幕末の天皇』(講談社学術文庫,2013年,初出1994年)による。

えての攘夷祈願の行幸を、天皇が体調不良で延期しようとしたところ、尊攘派の三条実美(さねとみ)らが、仮病ではないか、奥に踏み込んででも輿に乗せると述べ、やむなく行幸したと記される。[29] また天皇の名によるが天皇の真意と異なる命令(「偽勅」)が彼らによって出されており、クーデター後、天皇が諸大名を集めて十八日以降の命令は自身の真意である、と述べたこともよく知られているであろう。

このように政治状況に大きく左右されたとはいえ、孝明天皇は自身の意思を強くもち、自筆の書状などでの積極的な発信をいとわず、慶応(けいおう)二年(一八六六)十二月二十五日の天皇の急死は、政局のゆくえに多大な影響をもたらした。同時代から現在まで、毒殺説が根強く噂されるのは、天皇が再び政治の巨大な焦点となっていたことの表れといえよう。また孝明天皇の存世中に、幕府による廃位の噂が流れ、その調査に従事しているとのデマで和学者塙忠宝(はなわただとみ)が長州の伊藤博文(いとうひろぶみ)らに暗殺された文久(ぶんきゅう)二年(一八六二)十二月二十一日の事件も、皇位が政治上大きな意味をもっていたことを示すであろう。

践祚した明治(めいじ)天皇は一六歳であり、その発言が幕末政局を動かすことはなかった。

29 文久三年四月二十二日・中川宮宛孝明天皇宸翰(『孝明天皇実録』第2巻, ゆまに書房)。

おわりに

江戸時代の皇位継承は、江戸幕府による承認と支援のもと、中世に比すればしごく安定したものであった。近世初頭と幕末には若干政治問題化したこともあるが、基本的には朝廷の内部の問題であり、皇位継承者の地位をめぐる争いもおおむね激しいものではなかった。これは皇位のうまみがそれだけ乏しかったことも反映しているであろう。

十八世紀前期までは、後水尾・霊元という長命で個性の強い上皇が朝廷の中心にあり、院政をしき、その子らが天皇となった。霊元法皇の没後は、上皇・天皇の早世が続き、天皇が皇嗣を養育する体制へと移行してゆく。

皇位継承は不安定なものになり、朝廷首脳の権威を低下させ、朝廷運営をも不安定化させる。それでも皇位継承の問題は、朝廷内部の問題にとどまっていたのだが、幕末にいたり、天皇の政治的地位の急激な浮上により、皇位は再び大きな政治問題となった。

第4章　近代の皇位継承

西川　誠

はじめに

明治二十二年（一八八九）二月十一日宮中三殿に親告された皇室典範（以下、旧皇室典範）によって、近代の皇位継承は法定された。継承については、皇統の男子・男系（第一条）、長子優先（第二条）、長系優先（第三条）、嫡系優先（第四条）、子孫不在の場合皇兄弟ついで皇伯叔父ついで最近親（第五～七条）、そして皇嗣重患事故の際の順位変更（第九条）、天皇崩御の場合皇嗣践祚（第十条）が規定されている。

皇室典範の公式解説書「皇室典範義解」[1]は、第一条で次のように述べる。「恭て按ずるに、皇位の継承は祖宗以来既に明訓あり。和気清麻呂還奏の言に曰「我国家開闢以来、君臣分定矣（君臣分け定まりぬ）、…天之日嗣、必立皇緒（必ず皇緒を立てよ）」と。（改行）皇統は男系に限り女系の所出に及ばざるは皇家の成法なり」。以下、長幼の順は「天

1 伊藤博文『憲法義解』（宮沢俊義校註，岩波文庫，1940年）。

位継承の正法」、嫡庶の順は「継嗣の常典」、譲位(じょうい)の否定は「上代の恒典」と説明する。つまり継承にはこれまで不文の法があり皇室典範はそれを成文化したという構成である。

帝国学士院の『帝室制度史』[2]は、「皇位継承の順位」は「古来自ら一定の常典として見るべきもののありたることは、史上に之(これ)を窺(うかが)ふことを得べし」と不文の法があるとしながらも、勅命(ちょくめい)、遺詔(いしょう)、院旨(いんし)、権力を持った臣下の推戴など異例が少なくないと述べる。皇兄弟間の相続、庶子の相続、女性天皇の存在を述べた上で、皇位継承を法定したことが皇室典範の意義と説明する。史実に基づいて誠実である。

近代の皇位継承は、旧皇室典範と戦後の皇室典範(以下新皇室典範)によって成文化され法定されていることが特徴である。その結果、前近代の継承方法とは必ずしも一致しない継承法が確定したこととなる。前近代の皇位継承は、前章までの三つの論文で述べられているように多様であった。

本章では、明治天皇への継承を確認して、近代の皇位継承法の特徴を、作成推進者にふれつつ検討する。その上でその後の継承に関する議論を紹介していく。[3]

2 日本学士院『帝室制度史』第三巻(吉川弘文館, 1979年)第一編天皇, 第二章皇位継承, 第一節皇位継承の本義, 第三款皇位継承の順位。

3 新・旧皇室典範の成立史については, 小林宏・島善高編著『明治皇室典範』上・下(日本立法資料全集16・17, 信山社, 1996〜97年), 芦部信喜・高見勝利編著『皇室典範』(日本立法資料全集1, 信山社, 1990年)が, 豊富な史料と行き届いた解説を収めて刊行されている。

1　明治天皇への継承

慶応(けいおう)二年(一八六六)十二月二十五日孝明(こうめい)天皇が病死し、睦仁親王(むつひとしんのう)が践祚する。第3章で説かれているように、江戸時代の皇位継承には幕府の意向が重要であったが、結果的に最幕末となった慶応年間、幕府の意向が重視されることはなかった。また睦仁親王は、万延(まんえん)元年(一八六〇)七月十日に儲君(ちょくん)、九月二十八日に親王宣下(せんげ)を受けており、継承者として公認されていた。孝明天皇の死には、毒殺説があるが、天然痘による病死であろう。[4]

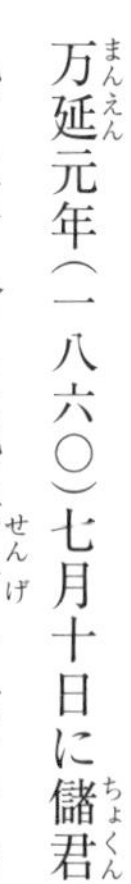

図1　明治天皇　明治6年(1873)撮影(朝日新聞社)

とはいえ、継承に問題が起こらなかったわけではない。それは日米修好通商条約を勅許なしに結んだことに対し、孝明天皇が譲位の意思を表明したことである。[5] 孝明天皇は、次の天皇の候補

4 原口清「孝明天皇は毒殺されたのか」(藤原彰他編『日本近代史の虚像と実像1　開国～日露戦争』大月書店, 1990年)。

5 孝明天皇の譲位については, 拙稿「皇室典範の制定――明治の皇位継承」(歴史学研究会編・加藤陽子責任編集『天皇はいかに受け継がれたか――天皇の身体と皇位継承』績文堂出版, 2019年)参照。

に、幼年の実子祐宮(睦仁、明治天皇)では危機の折にふさわしくないとし、伏見宮貞教親王・有栖川宮幟仁親王・熾仁親王を挙げる。このことから、

①天皇が譲位という意思を表明することで継承は行われうること

が確認できる。そして譲位は幕府への不満表明であることから廷臣が反対するのは当然であるが、後継者についての問題もあったのではないかと推測する。すなわち、

②儲君治定ないし立太子礼が行われていない場合、後継者として十分なのか

③孝明天皇の子・兄弟が少ない[6]

④四親王家の宣下親王は有資格者なのか

という問題である。

④については、元来親王は天皇の子など近親に与えられる称号であるが、天皇から親王宣下を受けなければ親王の称号を得られなくなっていた[7]。さらに「皇統の備え」[8]とされる伏見・桂・有栖川・閑院の宮家は世襲が認められ、当主は天皇の猶子(養子のような存在、養子より弱いとされる)となって親王宣下を受けていた(四親王家)。ところが伏見宮貞教親王は崇光天皇一五世王、有栖川宮幟仁親王は霊元天皇の五世王であった。皇親とされるのは四世まで、五世は王ではあるが皇親ではない、という律令の規定によらなく

6 光格天皇以後，仁孝天皇・孝明天皇，さらには明治天皇・大正天皇と，成長した“唯一”の男子が継承している。孝明天皇の成長した姉妹は，桂宮淑子内親王・親子内親王の二人(兄弟はいない)。なお明治天皇にも成長した兄弟姉妹はいない(図2)。

7 宮内庁『皇室制度史料　皇族三』(吉川弘文館，1985年)。

8 宮内庁『皇室制度史料　皇族四』(吉川弘文館，1986年)。

ても、血縁的に孝明天皇から遠い存在であった。

さらに幕末の動乱期には宣下親王の問題が続いて明らかになる。文久三年(一八六三)青蓮院宮尊融親王は幕府支持を期待されて幕府の推挙で還俗する。王(皇族)は出家のために親王宣下を受けるのが通例であった。四親王家の後継者でもなく、出家のための親王と優遇されていた存在が、天皇猶子の親王として朝廷に現れる。公武合体をすすめる一会桑を支えた青蓮院宮(還俗後は中川宮、さらに賀陽宮)は、王政復古後、叛意ありとして広島藩に流された。とはいえ危うさはあっても、尊王意識の高まりは出家した親王を還俗させる。宣下親王は続々誕生した。また還俗しなくても、輪王寺宮公現親王は奥羽越列藩同盟に担がれた。宣下親王はどのように処遇すればいいのか。

孝明天皇から明治天皇への継承は順調であったが、①〜④の問題が、皇位継承の問題点として把握されたと考えられる。

2　明治初年の議論

復活した親王の存在は、政権が不安定であればなおのこと、問題視された。明治元年(一八六八)閏四月十五日、皇兄弟皇子を親王とすること、他は王として親王から五世は王であるが皇親でないこと、四親王家嫡子は天皇養子親王宣下、還俗した賀陽宮・山階宮・聖護院宮・仁和寺宮・華頂宮・梶井宮は親王のままとするが嫡子以下は臣籍降下すること、照高院宮は聖護院宮の子となるが嫡子以下は臣籍降下すること、との法令が出され、還俗した宣下親王は一代限りとなった(太政官第三〇九)。

また明治八年(一八七五)一月十八日には、皇子女誕生関係諸式が定められ、天皇嫡子は命名と同時に親王宣下、庶子は生後一〇〇日から一年後に親王宣下とした。その中には、「上古ヨリノ旧例ヲ案スルニ、皇位継承ノ法、長幼ノ序ヨリモ嫡庶ノ別ヲ重セラル国体」との文言もあった。[9] 明治九年(一八七六)五月三十日には、皇子女は誕生後宣下なしに親王・内親王と呼ぶと布告された(太政官布告第八〇)。

つまり第1節の②と④に関して、天皇の子である親王、四親王家嫡子である親王、幕末維新に誕生してしまった親王の三種に分類したといえよう。天皇の子の地位を高める、したがって皇位継承権を強める措置と考えられる。

この頃の認識を示すものに、明治九年頃徳大寺実則宮内卿の下で行われた皇族に関する議論がある。[10] 明治九年五月の布告もこの論議が元となっている。論点は多岐にわたるが、以下の点が注目される。

9 宮内庁『明治天皇紀』第三(吉川弘文館,1969年)。以下引用にあたっては,通行の字体を用い,原史料にない場合は句読点を補った。

10「皇親」(『明治皇室典範』上,前掲註3書)。

その一つは、嫡庶の問題である。妃や嬪を母としない子は、論者によっては「不正」とまで論じている。律令(「後宮職員令」)では、天皇の配偶として皇后・夫人・妃二員・嬪四員を定めるとあり、「延喜式」では女御・更衣が併置されることがあるという。[11] この原理主義的視点からすれば、典侍や掌侍の子は女官の子にすぎず、〝あるべからず〟と論じられることとなる。そこで対応策として、後宮制度の整備が論じられる。なお、後宮が整備された場合、妃・嬪の子は現在の用法で嫡子にあたるのか、それよりも地位が低いのか、明確にはわからない。ともあれ、制度上の妻の子とそうでない子の格差は大きいととらえられている。

今一つは養子のことである(現在は猶子は養子より法的に弱いと考えられているが、ここでは区別はされていない)。親王宣下は、養子制を背景とするととらえられて、その変更が考えられる。世襲親王(四親王家の親王)は皇親外の王族、皇后養子は「弊風」とも論じられている。

以上の議論は、国学者の近藤芳樹や小河一敏が中心であった。

議論の結論は出たのかわかりがたいが、公家の徳大寺宮内卿の意見が二箇所判明する。一つは、妃嬪夫人の制は「今日ノ時体殊更ニ右ノ官ヲ置ル、ハ穏当ナラサルニ似タリ、

11 米田雄介「妃・嬪・女御・更衣」(『皇室事典』角川学芸出版, 2009年)。

光格天皇	仁孝天皇	孝明天皇	明治天皇	大正天皇
	生母：典侍勧修寺婧子	生母：典侍正親町雅子	生母：典侍中山慶子	生母：典侍柳原愛子
正妻：中宮欣子内親王	正妻：女御鷹司繫子 正妻：女御鷹司祺子	正妻：女御九条夙子（英照皇太后）	正妻：皇后一条美子（昭憲皇太后）	正妻：皇后九条節子（貞明皇后）

図2　天皇と生母・正妻

侍御ノ局位階ヲ賜リ何位局ト称ル(となう)方可然(しかるべし)」という。つまり位階を与えることで公認しようという方策である。今一つは親王宣下については、「真実ノ皇子女ハ嫡出庶出ヲ論セス、七日命名ノ日ヨリ」親王・内親王と称す、と述べ、公家の万里小路博房(までのこうじひろふさ)宮内大輔が天皇の子は親王であり宣下不要、「母ハ何人ニテモ論ナシ」と承(う)けている。一応の結論であろう。

　この議論から、嫡庶の区別を厳格にする意見がある一方、公家出身の宮内省幹部は嫡庶の区別を厳格にすることを考えていないことがわかる。図2を見てわかるように、仁孝(にんこう)天皇以後、正妻所生の後継者は存在しなかった。嫡庶の区別は立てるにしても、典侍所生の子を排除するのは現実的ではなかった。そして、現存の親王は天皇の最近の親族として皇位継承資格のある存在とは認めがたいことが、宮内省では共有されていたことが判明する。

3　皇室典範の制定

明治二十二年(一八八九)皇室典範が制定され、皇位継承順が法定される。その特徴は、譲位の不可、女帝・女系の否定、長子優先、嫡庶の別であり、[12] 皇族永世主義が従来の慣行と異なったものとして挙げられる。しかし、これらが近代の継承方法の特徴であった。また皇室典範は制定時は公布されなかったという特徴を持つ。

条文に沿って述べれば、近世まで譲位が認められ上皇が存在したが、崩御によってのみ天皇位は移動することとなった(第十条)。女性天皇は存在したが、皇位は男子・男系が継ぐこととなった(第一条)。継承順は嫡子を優先し、長幼の順を守る(第二〜八条)。皇子から皇玄孫までを親王・内親王とし、五世以下は王・女王とする(第三十一条)。臣籍降下規程を設けなかったことで皇族の家系は永久に皇族であると解釈されることとなった(皇族永世主義)。皇室典範は家法とされ公布されなかった(皇室典範家法説)。加えて皇族の養子も禁止された。

典範の制定を主導した〝人〟に焦点を置いて右の内容を説明しよう。[13]

皇室に関する法(以下、便宜的に皇室基本法と呼ぶ)の制定にまず着目したのは、岩倉具(いわくらとも)

12 小田部雄次『近現代の皇室と皇族』(敬文舎, 2013年)。
13 典範の事項別の制定過程は, 拙稿前掲註5論文参照。

視（み）であった。明治八年（一八七五）以後、憲法制定が具体的に課題となると、皇室に関する事柄もその中で論じられるようになった。元老院国憲按の第一次（明治九年〈一八七六〉）では女帝を認め、第三次（明治十三年〈一八八〇〉）では女系を認めるなど、議論が先行していく。岩倉はこうした状況に対して、皇室基本法は憲法と分離し、古来の慣習を重視し、官吏や国会の関与を避けようとする姿勢を打ち出す。明治十四年（一八八一）の憲法制定方針を述べた岩倉の「大綱領」（井上毅（いのうえこわし）草案）では、「帝位継承法ハ祖宗以来ノ遺範アリ」と記され、[14]憲法とは別に皇室基本法を作成することが方針となった。

岩倉の熱意は、憲法調査のために渡欧した伊藤博文（いとうひろぶみ）の帰国を待たずに、明治十五年（一八八二）十二月十八日の内規取調局の設置とみずからの副総裁就任に結実した。しかし伊藤の帰国直前に岩倉は死去、内規取調局の調査は一部が後に引き継がれた程度に終わった。ただ岩倉の、憲法とは別に皇室基本法をつくるという構想は伊藤に引き継がれた。国会が関与しないという点が重視されたと考えられる。さらに、国会の関与を防ぐために、皇室の家法として、公布しないという方針となった。

伊藤は帰国後憲法制定をめざして制度取調局を設置した。そこで皇室基本法の調査も行われ、明治十九年（一八八六）一月頃「皇室制規」が作成された。この系統の案の作成

14『明治皇室典範』上（前掲註3書）。

が終わった頃、伊藤は内大臣になっていた三条実美に書簡を送り、皇室の根本的な条項についてのみ速やかに立案するとの方針を表明している。[15]

「皇室制規」について、井上毅[16]は、伊藤博文に「謹具意見」[17]という意見書を提出した(図3)。「謹具意見」では、日本の女性天皇(女帝)を摂位と解釈し、女帝は配偶者の政治介入の可能性が高いとする嚶鳴社の討論を引用し、「皇胤ヲ繁栄」させるには他に方法がある、臣籍降下はこの必要に反する、女帝は摂政に起因した中継ぎであり記載しない、女系は易姓のため(姓が変わるため)不可、と述べる。欧州の王位継承法の課題は、私生児の排除、男系なき時の女系、君主不能力の時の処分であり、これらを掲載しないのであれば大綱を掲げるだけで良いと論ずる。

これ以後の草案では女帝・女系は採用されず、皇室典範まで継承される。伊藤が井上の案を採用したのであろう。

女帝・女系を否定した場合の皇位継承者の確保方法は、皇族の臣籍降下の制限または否定(皇族永世主義)と、皇室基本法に掲載しないと述べる庶子の容認となるであろう。

当時のドイツの学説では、庶子の王位継承権は否定されていた。欧州の王位継承

15 明治十九年六月十日付三条宛伊藤書簡(国立国会図書館憲政史料室蔵「三条家文書」)。「皇室制規」を改めた「帝室典則」に付けられた書簡で,「皇位ノ継承丁年立后摂政及皇族処分ノ如キハ建国ノ根基宜ク速ニ憲章ヲ立ツヘキナリ」と述べている。

16 1843～95。熊本藩出身。新政府に出仕，大学・司法省を経て法制局に移る。明治19年(1886)当時は宮内省図書頭。のち伊藤の憲法作成に参画した。該博な法制に関する知識で，明治政府を支えた法制官僚。

17『明治皇室典範』上(前掲註3書)。

トレテ曾テ疑問ニ置カザルカ如シ

今此ノ例ニ依リ、カシコクモ我國ノ女帝ニ皇夫ヲ
迎ヘ其皇夫ハ一タヒ臣籍ニ入リ譬ヘハ源ノ某ト
稱フル人ナランニ起草第十三條ニ依ル其皇夫ト女帝トノ
間ニ皇子アラハ即チ正統ノ、皇太子トシテ御位
ヲ繼キ玉フヘシ起草第七條ニ依ル然ルニ此ノ、皇太子ハ
女系ノ血統コソオハシマセ氏ハ全ク源姓ニシテ
源家ノ御方ナルコト即チ我カ國ノ慣習ニ於テモ
又歐羅巴ノ風俗ニテモ同一ナルコトナリ但シ歐
羅巴ナラハ源姓ト稱ヘナカラ源姓ノ人モ女系ノ
縁ニテ皇位ヲ嗣クコト當然ナリト明ラムルナリ

佛瑞白等ノ國

歐羅巴ノ女系ノ説ヲ採用シテ我カ典憲トセント
ナラハ序テニ姓ヲ易フルコトヲモ採用アルヘキ
カ豈ト恐キコトニ思ハル、ナリ女系ノ内親王ヨリ出タル皇孫ナラハ更ニ是レヨリ甚シ
政事法律百般ノ事ハ盡ク歐羅巴ニ摸擬スルコト
可ナリ　皇室繼統ノ事ハ　祖宗ノ大憲ノ在ルア
リ決シテ歐羅巴ニ摸擬スヘキニ非ス此ノ理ハ歐
羅巴各國ノ同キ所ナリ故ニ歐羅巴ニ在テモ「サリ
ツク」法ノ種ノ國ハ婦人ノ王位ニ即クコトヲ許サズ
其説ヲ助クル者ノ論ニ云凡ソ婦女ハ政權ナキコ
ト一般ノ法ナリ王位ハ政權ノ最高ナル者ナリ婦

女ノ選擧權ヲ許サズシテ却テ最高政權ヲ握ルコ
トヲ許スハ理ノ矛盾セル者ナリ日耳曼人種ノ王
位相續法ハ上古以來ノ家産相續法ヨリ來ル者ニ
シテ即チ王位ヲ以テ私有トセルノ陋俗ノ遺物ナ
リト此説ト孛英諸國ニ行ハル、日耳曼人種ノ繼
統法トノ是非ハ姑ク置テ論ゼザルモ道理ハ固ヨ
リ一端ニ非ズシテ各國遽カニ自ラ其舊典ヲ棄テ
、他國ノ例ニ摸擬スルノ太早計ナルコトヲ見ル
ヘキナリ
起草若ハ固ヨリ強テニ歐羅巴ニ摸擬スルニ非ス

我國ノ固有ノ女帝●即位例ト並ニ後來万一ニモ
皇胤ノ絶ユルコトアル●時ノ為ニ此數條ヲ掲載
シタルナルヘシ然ルニ從來ノ皇胤ヲ繁榮ナラシ
ムル為ニハ他ノ種々ノ方法アリテ此ノ憂慮ヲ塞
クニ充分ナルヘシ諸王家ヲ華族トスルノ類ハ此ノ必要ニ反對セルカ如シ又
我カ國ノ女帝即位ノ例ハ初メハ攝政ニ起因セシ
者ニシテ一時ノ臨朝ニシテ、ヤガテ御位ヲ他ノ
皇太子又ハ皇太弟ニ讓リ玉フ御事ナレハナルヘ
クハ初メノ　神功攝政ノ御趣意ニ復シタキモノ
ナリ故ニ故サラニ掲載セザル方、マシナルカ如シ

図３　井上毅「謹具意見」(「秘書類纂　帝室２」収載，宮内庁書陵部蔵，『伊藤博文文書　第85巻　秘書類纂　帝室２』〈ゆまに書房，2013年〉より転載)　制度取調局以来作成された「皇室制規」に対する井上毅の意見書。伊藤博文に明治19年(1886)初頭に提出。女系は姓を変えることになる，皇胤繁栄には他の方法がある，女帝は摂政に由来すると述べる。

法の中心的課題は、私生児の排除と述べている点に、井上の否定的な考えが表れている。こののちも、庶子は親王宣下が必要などと、条件を厳しくする傾向がある[18]。とはいえ井上は、女帝・女系の否定のために庶子容認に舵を切った。庶子容認論は元老院国憲按以来存在したが、さらに重要視されることになった。

なお井上は、明治十六年(一八八三)の内規取調局「皇族令」が、それまでの宮内省の考えの流れから世襲親王家と宣下親王の廃止を含んでいたが、反対していた[19]。「謹具意見」の今一つの論題は、摂政の否定と譲位の肯定である。摂政の否定は、摂政設置には国会の同意が必要という欧州法の解釈に井上が固執したことによるが、必ずしも必要あるまい。そして天皇の統治不能の場合への対応は、譲位制が採用される。陽成天皇の譲位を称賛し、譲位を「美事」と評価している。井上は、憲法においても大臣の単独輔弼制が天皇が大臣を任命するという大権の保持を保証すると考えているように、君主の意思を重視する傾向がある[20]。譲位もそうした視点からの主張であったと考えられる。

なお井上は、法律案作成に対し、欧州法の学習を熱心に行っている。そして中国の律令、日本の法との接合を図る。外国と遜色ない法の作成という意識が強い人物

18 小林宏『日本における立法と法解釈の史的研究　第三巻近代』(汲古書院, 2009年)「第五　明治皇室典範における皇位継承法の成立」(初出1984年)。

19 川田敬一「皇室制度形成過程における井上毅と柳原前光」(梧陰文庫研究会編『井上毅とその周辺』木鐸社, 2000年)。

20 井上が, 明治15年(1882)頃皇嗣は天皇の生前の意思によって決定されることを原則と考えていたことについては, 小林前掲註18書「第七　井上毅の女帝廃止論」(初出1992年)参照。

であった[21]。

伊藤は井上の意見を知り、井上を皇室基本法の編纂の中心に据えることとした。

伊藤はもう一人、公家の柳原前光(やなぎわらさきみつ)[22]にも着目した。柳原は出自からか皇室に関する法の制定に意欲があり、ロシア公使時代は岩倉に長文の手紙を送っていた。帰国後は三条実美に近く、三条を通じて制度取調局案に接し、三条に意見を提出していた。伊藤は柳原の存在を知り、皇室基本法作成のもう一つの柱とした[23]。

明治十九年(一八八六)夏頃から柳原と井上は意見を交換していたが、明治二十年(一八八七)に入り本格化する。両者は協力して皇室基本法を作成している。柳原も赴任地ロシアを中心に欧州の王室制度に詳しいが、井上と比較すれば、朝廷の慣例を残す方向が強いと思われる。すなわち岩倉の考えを継承する度合いが強い。伊藤は三条に根幹のみ作成すると書簡で述べていたが、柳原の最初の案「皇室法典初稿」は、一九〇条を超えて網羅的であった。ともあれ柳原を迎えることで、朝廷の慣例への理解が深まったと考えられる。

井上と柳原の意見交換の中で、さらには典範制定後の対立の中で、長子優先、嫡庶の別を適用した皇位継承順が確定し、条文に反映される。

21 井上の立法技術については，小林前掲註 18 書「第七」参照。
22 1850 ～ 94。公家，家格は名家。外務省を経て元老院議官。明治 13 年(1880)からロシア公使。明治 19 年(1886)当時は帰国して賞勲局総裁。妹愛子(なるこ)は大正天皇の生母。
23『明治皇室典範』上（前掲註 3 書），島善高解説論文。

ところで、明治十九年(一八八六)以来、具体的な継承順で見解が分かれていた問題があった。

図4で、嫡長子が死去した場合、継承順は、[A] 1嫡長孫、2次子、3次子の長子、4三子となるか、[B] 1嫡長孫、2次子、3三子、4次子の長子となるかで意見が分かれた。嫡長子系が継承することでは対立は生じなかったが、宮中顧問官たちが[B]を主張し、世代間の相続を重視したのである。柳原と井上は意見が一致し、嫡長子嫡長孫を優先する系の考え方を取るのであれば[A]を妥当とした。伊藤は[A]を採用する。[24] こうして、系の考え方で統一されることとなり、皇室典範第二条第三条となった。確定した継承の方針を、直系優先主義(直系なき場合傍系)、長系優先主義(長系なき場合次系)、嫡系優先主義と呼ぶ。[25]

天皇―嫡長子―嫡長孫
天皇―次子―次子の長子
天皇―三子―三子の長子

図4　継承図①

天皇―嫡長子―嫡長孫
嫡長子―庶子(孫)
天皇―次子―次子の長子
天皇―三子―三子の長子

図5　継承図②

ところが皇室典範制定後、柳原が問題を提起する。[26]

図5で庶子(孫)の継承順はどうなるかという問題である。系を重視するのであれば、継承順は三位に

24 小林前掲註18書の「第四　皇位継承をめぐる井上毅の書簡について」(初出1982年)。

25 小林前掲註18書「第五」。

26『明治皇室典範』上(前掲註3書)，島解説論文。なお庶子の扱いについて柳原の方が条件を緩くする傾向がある。柳原には甥の嘉仁親王の即位を実現させたい意図があったとしばしば指摘される。そうした意図もあったろうが，庶子を否定すれば光格天皇以後の皇位継承は成立していない(図2)。

なると柳原は考えた。ところが井上は、嫡子優先の第四条で明瞭である、三子の長子までの全員が不在となって継承となる（つまり七位となる）と主張した（天皇の兄弟よりは優先される）。伊藤の支持もあって、井上の解釈で統一されることとなった。

こうして皇位継承順が法定され、変更の余地が存在しなくなった。

話は明治二十年（一八八七）まで戻る。柳原と井上の調整がつかない問題は、明治二十年三月二十日の高輪会議と呼ばれる伊藤邸の会議で伊藤が決定する。その中で大きな方針転換は、譲位の否定であった。伊藤は譲位を天皇の「随意」として否定する。[27] 理由を述べていないが、譲位は天皇の意思が反映される機会を提供し、皇位継承に政治的意思が介入することとなると考えたのではないか。伊藤は、継承順を厳格にすることを欧州で学んできていた。[28] そしてこの頃伊藤が直面していた課題は、天皇の個別意思が制度内で表出されるように制度設計することであった。[29] すなわち、内閣が天皇を輔弼することをめざしていた。過去の例、欧州での学習、直面する問題から、継承に変更の余地が存在し政治的意思が入ることを避けたと考えられる。女帝も配偶者の政治的意思を避ける点でも納得したのであろう。国会という意思の介入を避けるために皇室典範家法説を支持したのであろう。

27『明治皇室典範』上（前掲註３書）。
28 当時のドイツ国法学は王位継承法に君主の恣意が入ることを極力排除していた（小林前掲註18書「第四」）。
29 坂本一登『伊藤博文と明治国家形成』（吉川弘文館，1991年，のち講談社学術文庫，2012年）。

伊藤がめざしたものは、皇位継承順を争う余地のない形で法定し、いろいろな主体の意思が介入することなく、静謐に安定して継承が行われるようにすることであった。

こうして高輪会議で大きな方針が決定され、柳原・井上によって皇室典範の草案が作成された。なお井上と柳原の意見交換の中で皇室典範という名称が話し合われ、高輪会議で伊藤が確定している。[30]

その後、伊藤と井上の間で臣籍降下（しんせきこうか）規程が削除され、皇族永世主義が採用される。[31] 高輪会議では降下規程が残されたことを考えれば、井上が引き続き強く主張し、皇位継承者を量において豊かにし継承を安定させるという視点から、伊藤が採用したと考えられる。しかし、これまでの宮内省の検討からは大きく逸脱する。柳原をはじめ三条や三条に近い人々は、皇室財政の支出拡大を理由に皇族永世主義に反対した。明治二十一年（一八八八）五月からの枢密院会議でも反対意見が出た。しかし伊藤・井上の原案が可決された。

以上の経緯で、明治皇室典範が確定した。方針の確定に、伊藤の決断と井上の思考と柳原の知識が大きく貢献していた。

なお旧皇室典範で決定したこととしては、宣下親王の廃止と関連して、また血統の点

30『明治皇室典範』上（前掲註３書）。

31『明治皇室典範』上（前掲註３書），島解説論文。

からも、養子が否定される（第四十二条）。後を継ぐ皇子を皇太子（こうたいし）とし（第十五条）、詔書で公布するとし（第十六条）、「皇室典範義解」で支系から後を継ぐ場合は皇太子とはならない、皇位継承順が確定しているから儀礼で皇太子になるのではないと説明が加えられている。第1節②の解決である。この考え方は戦後の皇室典範に引き継がれる。徳仁（なるひと）皇太子は立太子（りったいし）礼が行われたがそれ以前から皇太子であり、秋篠（あきしの）宮は皇太子にはなれず皇嗣（殿下（でんか））になる。

4　皇室典範増補と臣籍降下

井上の意見により、皇族永世主義を採用した伊藤であったが、皇室財政の支出拡大という問題に直面する。また皇族永世主義の被適用者は伏見宮系がほとんどであった。伊藤は、明治三十一年（一八九八）二月九日、皇室に関する意見書を提出した。その中で臣籍降下規程を設けなかったのはやむを得なかったが、帝位に遠い存在は「非望（ひぼう）ノ端（たん）（身分不相応の望のきっかけ）モ之（これ）ヨリ生セサルコトヲ保シ難シ。且帝室有限ノ財力ヲ以テ之ヲ保護シ、皇室至当ノ地位ヲ永遠ニ持続セシメンコト到底望ムヘカラス」と述べ、皇族永世主義の見直しを提起した[32]。

32 春畝公追頌会編刊『伊藤博文伝』下巻（1940年）。典範増補については，『明治皇室典範』上（前掲註3），島解説論文，川田敬一『近代日本の国家形成と皇室財産』（原書房，2001年）第五章参照。

伊藤の意見書がきっかけとなって、明治三十二年(一八九九)八月二十四日に帝室制度調査局が設置され、伊藤博文が総裁となった。明治四十年(一九〇七)二月十一日に皇室典範増補が公布され、勅旨または願により「王」(天皇から五世の存在)以下の臣籍降下規程が加えられた。増補というのは、皇室典範が帝国憲法と並ぶ「不刊ニ垂ル」(明治二十七年の伊藤博文の奏議、いつまでも伝わり続く、の意か)存在であったため、改正という表現を避けたと考えられる。

またこの増補では、皇族と国法の関係についての規程も増補され、国民も皇室典範の拘束下にあることを明らかにするため、公布されている。憲法と皇室典範が並び立つ存在であることが確認された。憲法史学者が明治典憲体制と呼ぶ理由である。

降下規程はつくられたが、公布後の二月二十六日に、北白川宮能久親王の四男輝久王が臣籍降下し、死去した小松宮彰仁親王の祭祀を継承することが内定して以後(明治四十三年に小松侯爵になる)、臣籍降下する皇族はなかった。そこで大正九年(一九二〇)、皇族が多すぎることは皇族の尊厳維持と経済上問題があるとの考えから、降下を促進する「皇族ノ降下ニ関スル施行準則」が波多野敬直宮内大臣の下で作成された。[33] 皇族会議では反対論が続出、長老皇族(議長の伏見宮貞愛親王・閑院宮載仁親王)の結論を出す場で

33 準則をめぐる政治過程については，永井和「波多野敬直宮内大臣辞職顛末」(『立命館文學』624号，2012年)，加藤陽子「近代の三人目の天皇として——昭和天皇の場合」(前掲註5書)参照。浅見雅男『皇族と天皇』(ちくま新書，2016年)も「倉富勇三郎日記」を用いて，対立を描いている。

はないとの発言で幕を引き、五月十九日裁可された。
王は長子孫の系統四世以内を除き臣籍降下させる、伏見宮邦家親王の子を王の一世とする、という内容である。この結果、幕末から明治初年に還俗した多くの親王は、邦家親王の子であったから親王ではあっても王一世となり、当時の宮家の当主の多くは二世となる（図6の賀陽宮邦憲王たちの代）。したがってその子たちは長男を除き臣籍降下することとなり、また当主の曽孫（孫の子）は五世となり（道久王たちの子の代）、すべて臣籍降下することとなった。

大正天皇には正妻九条節子（貞明皇后）との間に四人の男子が誕生し、有栖川宮は女性皇族だけとなり事実上絶え、伏見宮系のみが増え、加えて皇室財政の硬直化が進む中でなされた決定であった。こうして皇族永世主義は撤廃されることとなった。

5　大正天皇と昭和天皇の継承

明治四十五年（一九一二）七月二十九日、明治天皇が崩御する。直系の男子は明治二十二年（一八八九）十一月三日立太子礼を済ませていた嘉仁親王だけであり、順調に継承された。ただし、嫡出庶出が議論されていた皇室典範制定前の明治二十年（一八八七）に、

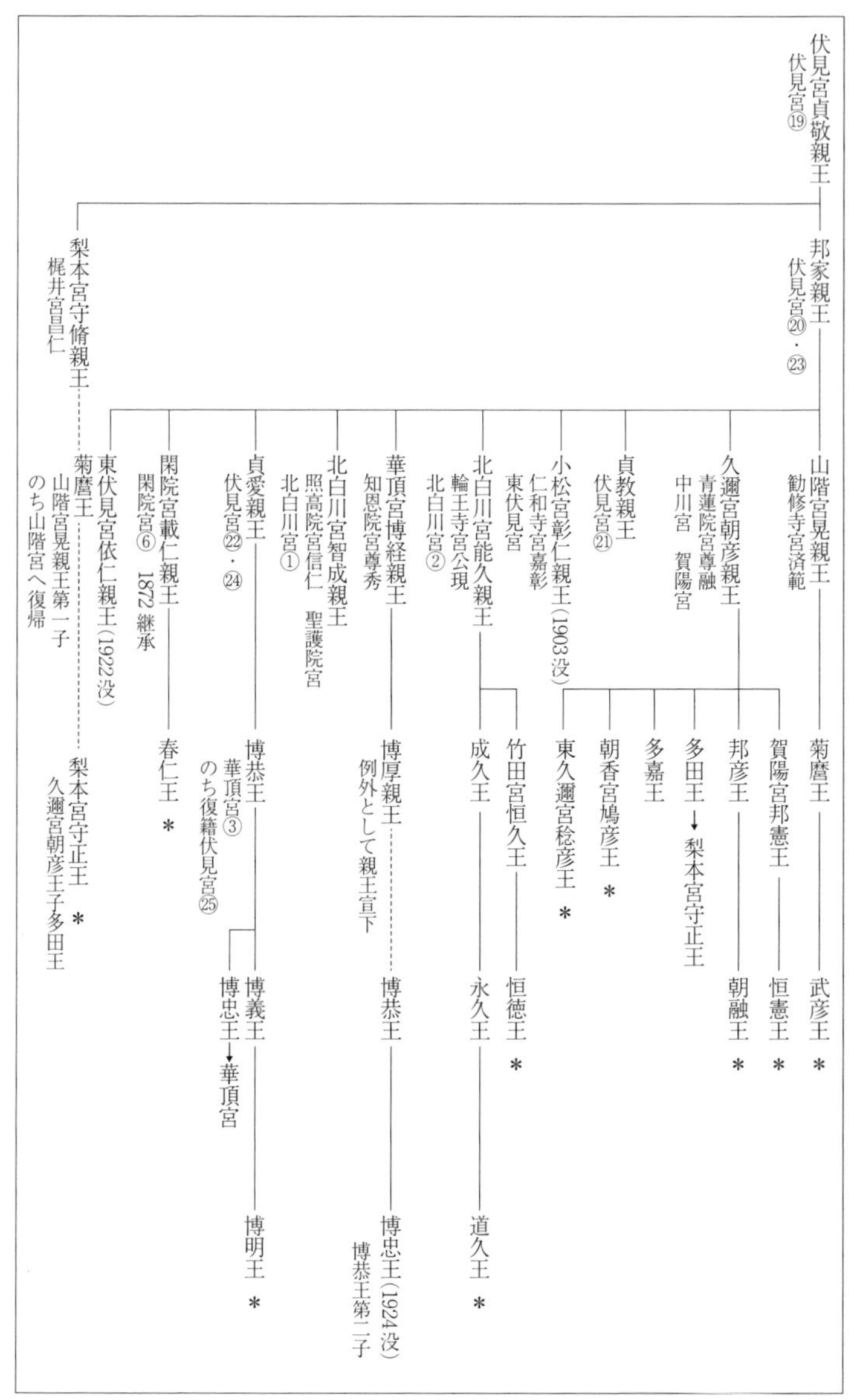

図6　伏見宮系の宮家　一部宮家の当主に丸囲み数字で代数を示した。断絶した宮家は当主没年を(　)で示した。＊は昭和22年(1947)に皇籍離脱。破線は実子以外への継承。

図7　即位の頃の大正天皇（宮内省，朝日新聞社提供）

皇后（昭憲皇太后）の実子とされている。そういうことが可能な朝廷の慣習であった（第3章参照）。明治天皇も女御九条夙子（英照皇太后）の実子となっている。また空位無しとの観念から、明治天皇の死は、三十日と発表された。

大正天皇と貞明皇后の間には四人の皇子が生まれ、血統の近い皇位継承者が増えた（図8）。庶子は生まれず、一夫一妻制が結果的には誕生した。[34] 裕仁親王は摂政となり、久邇宮良子女王と結婚ののち後宮改革に乗り出し、側室制度を廃止している。[35] 皇女の誕生が続き、側室制度の復活を勧められても応じなかった。結局二人の皇子が生まれ、一夫一妻制が保たれた。庶子継承の規程は、実質的に意味を失った。

大正八年（一九一九）になると、大正天皇の体調が悪化する。譲位の制は採用されておらず、天皇不予の場合は摂政の設置となる。大正十年（一九二一）十一月二十五日、皇族

34 原武史氏は，大正天皇と女官との間に庶子が誕生する可能性はあったとするが，妥当な推定であろう（『皇后考』講談社，2015年，のち講談社文庫，2017年）。

35 高橋紘「昭和天皇の女官改革」（高橋紘他編『昭和初期の天皇と宮中』第二巻，岩波書店，1993年）。

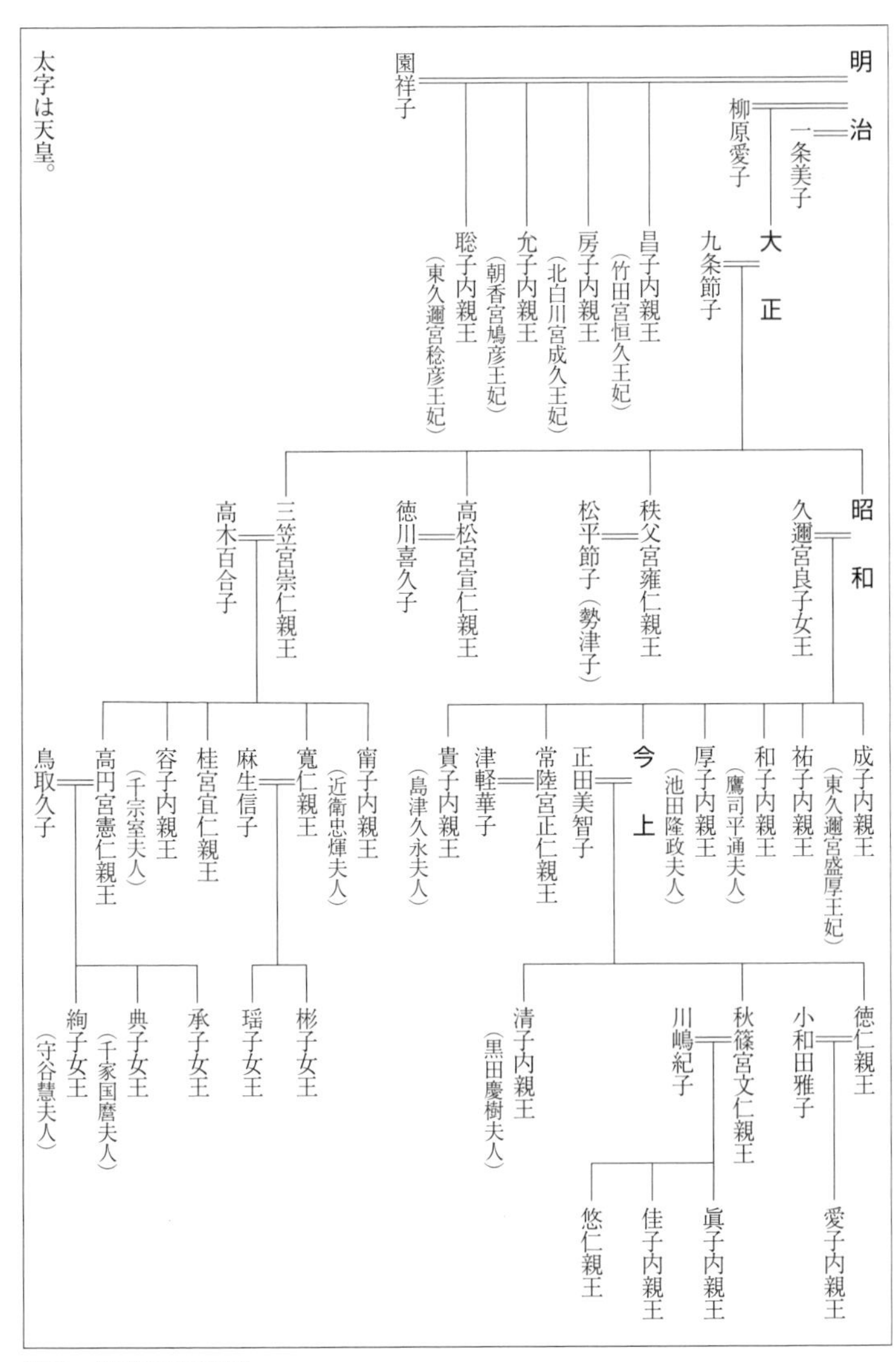
太字は天皇。
明治
柳原愛子
一条美子
園祥子
大正
九条節子
昌子内親王（竹田宮恒久王妃）
房子内親王（北白川宮成久王妃）
允子内親王（朝香宮鳩彦王妃）
聡子内親王（東久邇宮稔彦王妃）
昭和
久邇宮良子女王
秩父宮雍仁親王
松平節子（勢津子）
高松宮宣仁親王
徳川喜久子
三笠宮崇仁親王
高木百合子
成子内親王（東久邇宮盛厚王妃）
祐子内親王
和子内親王（鷹司平通夫人）
厚子内親王（池田隆政夫人）
今上
正田美智子
常陸宮正仁親王
津軽華子
貴子内親王（島津久永夫人）
甯子内親王（近衛忠煇夫人）
寬仁親王
麻生信子
桂宮宜仁親王
容子内親王（千宗室夫人）
高円宮憲仁親王
鳥取久子
徳仁親王
小和田雅子
秋篠宮文仁親王
川嶋紀子
清子内親王（黒田慶樹夫人）
愛子内親王
眞子内親王
佳子内親王
悠仁親王
彬子女王
瑶子女王
承子女王
典子女王（千家国麿夫人）
絢子女王（守谷慧夫人）

図8　近代の皇室系図

図9　昭和天皇即位　朝見の儀のようすを描いた絵(朝日新聞社)

会議と枢密院会議が開かれ、裕仁親王は摂政となった。同日に宮内省は大正天皇について、生まれつき体が弱く、脳膜炎様の病にかかり、大病のために発達が遅れがちであり、即位以来多忙のため、記憶・判断・思考力が衰えた、と発表する。[36]天皇が退位できない以上、病状は軽く発表されてきた。しかし他に選択肢のない摂政就任であることを国民に示すには、重い病状であることを示さなければならない。明治天皇が病に倒れてからの詳細な病状の発表とは大きく異なっている。摂政設置には天皇の統治不能を示さなければならないという課題が明らかになる。その一方で、旧皇室典範下の摂政設置の前例が開かれた。

36 古川隆久『大正天皇』(吉川弘文館, 2007年)。

大正十五年（一九二六）十二月二十五日、大正天皇は崩御し、裕仁皇太子が践祚する。旧皇室典範下に生まれ、成長し、天皇となった最初で最後の天皇であった。

6　新皇室典範の制定

第二次世界大戦の敗戦により、日本はＧＨＱの間接統治となった。ＧＨＱは天皇制を存続させる一方で民主化を図り、憲法草案（マッカーサー草案）を作成した。日本政府はそれに基づき日本国憲法を制定する。皇室典範に関しては、国会が審議する普通法とすることがめざされ、憲法草案には「皇位は、世襲のものであり、国会の制定する皇室典範に従つて継承される」と記されていた。これが日本国憲法第二条になり、皇室典範は憲法の下位法に位置づけが変更される。

吉田茂内閣は、昭和二十一年（一九四六）七月三日法制の諮問機関として、臨時法制調査会を設置をした。第一部が皇室及び内閣関係を担当し、皇室典範については、とくに女帝、退位、庶子についての議論が闘わされた。ＧＨＱは皇室財政が最大の関心事であったため、皇室典範そのものには寛容であった。こうして臨時法制調査会の案を元とした新しい皇室典範が、帝国議会の審議を経て、昭和二十二年（一九四七）一月十六日に公布され、憲法施行と同時に施行されることになった[37]。

皇位継承については、皇統の男子・男系（第一条）、長子・長系優先・子孫不在の場合皇兄弟ついで皇伯叔父ついで最近親（第二条）、そして皇嗣重患事故の際の順位変更（第三条）、天皇崩御の場合皇嗣践祚（第四条）、が規定される。庶出の規程がなくなり、庶子の継承は否定されている。親王を二世までとする一方（第六条）、臣籍降下の細則はなくなり、皇籍離脱規程はあるが、皇族永世主義は保たれている。養子も禁じられている（第九条）。

旧皇室典範と比較すればわかるように、譲位の不可、女帝・女系の否定、長子優先、皇族永世主義は変更されておらず、庶出容認と親王・内親王の範囲以外は、旧皇室典範の骨格は維持されている。

先に述べたように臨時法制調査会の部会、さらには小委員会では議論が闘わされていた。一端を紹介しよう[38]。

学者・法制局系委員は、退位・女帝を認める意見が多かった。退位については、昭和天皇の戦争責任問題も関係して注目を浴びていた。宮内省側が強く反対し、退位を認めると就任の辞退も認めねばならないと説明した。天皇の自由意思を無視した乱用もある

37 以上，『皇室典範』（前掲註 3 書），高見勝利解説論文，笠原英彦「皇室典範制定過程の再検討」（『法学研究』83 巻 12 号，2010 年）による。憲法草案の訳は，高柳賢三他『日本国憲法制定の過程 I』（有斐閣，1972 年）。GHQ の態度については笠原論文参照。

38 とくに断らない限り，『皇室典範』（前掲註 3 書），高見解説論文による。

と考えたらしい。笠原英彦氏は宮内省は「昭和天皇の退位に道を開くことを極力避けたい」ため反対したと推定している。[39] 女帝については、宮内省側が、皇位の「世襲」の観念の中に含まれていない、女帝は摂位、国民の一部に長幼・男女の区別を設けても不合理でない、と説明、抽象的な観念論の議論で終わってしまったらしい。また皇位継承者の確保をめざして皇族永世主義を維持することとなった。庶系については、新憲法の趣旨から「嫡系嫡子孫の主義」となった。

議論はあったが、臨時法制調査会の部会では、「皇室典範要綱案」作成について、憲法の精神を汲み入れること、皇室の尊厳と皇統の護持に遺憾なきことを目的とし、皇位継承と摂政を内容とし、「現行ノ原則ニ大ナル変更ヲ加ヘナイ」ことを方針としていた。[40] そこで皇位継承の骨格は維持されることとなったのであろう。

GHQが皇室経済・財産への関心が大きかったことも、骨格が維持された要因であろう。[41] GHQは、昭和二十一年(一九四六)五月には皇族の特権及び免除(課税免除を含む)の除去に必要な措置を政府に命じた。縮小した皇室財政では皇族全体の維持は困難であった。その一方でGHQの天皇の兄弟の特権維持の意向も伝えられていた。十一月二十九日、昭和天皇が皇族たちに皇籍離脱を申し渡した。昭和二十二年(一九四七)十月十

39 笠原英彦「現行皇室典範の制定と矛盾の内包」(『法学研究』91巻7号, 2018年)。
40 関屋貞三郎第一部会長代理の説明草案。『皇室典範』(前掲註3書), 高見解説論文。
41 笠原前掲註39論文。

四日、秩父宮・高松宮・三笠宮の三直宮家以外の一一宮家が皇籍離脱する[42](図6)。皇族永世主義は維持されたが、明治なかば以来の宮家の整理という課題は達成されたことになる。

7　昭和天皇の退位問題

旧皇室典範第十条にあるように、天皇は退位できなかった。しかし第二次世界大戦の敗色が濃くなり、昭和天皇を退位させて、皇統を護持しようという動きが出てくる。まずは近衛文麿の企図があった。昭和天皇が諸々の責任を取ったこととするために、退位して出家し仁和寺に入るという構想であった[43]。皇室典範を破るという点で、また神道の祭主でもある近代の天皇を仏門に帰依させるという点で、破格の構想であった。

敗戦後も、責任を取って(この責任がどういう内容かはここでは論じない)退位するという議論があった。しかし昭和天皇は、退位しないという点で政治責任を果たすことを選択する。昭和天皇は昭和十年代は木戸幸一を信頼していたが、木戸も反退位論者であった[44]。その木戸は、講和条約署名後の昭和二十六年(一九五一)十月、退位論を天皇に進言する[45]。しかし昭和天皇は動じなかった。退位しないという選択を終世守るこ

42 小田部雄次『皇族』(中公新書，2009年)。

43 高橋紘・鈴木邦彦『天皇家の密使たち』(現代史出版会，1981年)。

44『木戸幸一日記』下巻(東京大学出版会，1966年)昭和20年(1945)8月29日条では，退位を仄めかした昭和天皇をいさめている。昭和天皇が留位の決心を固めたのは，昭和23年(1948)11月頃である(冨永望『昭和天皇退位論のゆくえ』吉川弘文館，2014年。

となる。

さてその後も退位論が間歇(かんけつ)的に発生する。退位論は、概ね次の観点からなされた[46]。
1．天皇制廃止論からの退位論
2．昭和天皇に戦争責任があるという視点からの退位論（道義的責任を含む）
3．日本国憲法との整合性から、天皇に退位の自由を認めなくて良いかという議論
4．昭和天皇に道義的に責任があり、戦後の出発のために退位が必要であるという退位論
3は新皇室典範制定の際から議論として存在し、間歇的に国会での質問も行われた[47]。講和後、4の再出発という視点からの退位論が強まる。そのバリエーションとして、
5．再軍備が考慮された際、軍の最高司令官に敗軍の長の昭和天皇はふさわしいか
6．皇太子の成長によって、新しい世の中を迎えるために天皇の交代が望ましい
昭和五十年代からは、
7．高齢となった昭和天皇への配慮
が加わる。しかし昭和天皇は、退位しないとの態度を貫き、摂政を置くことにも同意しなかった。昭和六十四年（一九八九）一月七日、昭和天皇崩御。日本国憲法、新皇室典範

45 河西秀哉『天皇制と民主主義の昭和史』（人文書院，2018年）。
46 冨永前掲註44書，河西秀哉「戦後天皇制と天皇」（前掲註5書）を参考にまとめた。
47 古川隆久「戦後帝国議会・国会における生前退位論議」（『日本歴史』第840号，2018年）。

図10　平成２年(1990)即位礼正殿の儀(朝日新聞社)　高御座(たかみくら)の中の天皇

による継承である。

おわりに——皇位継承への不安と譲位

平成十年代となり、徳仁皇太子に男子がなかなか生まれず、他の宮家にも男子が生まれない中で、皇位継承が懸念されるようになった。

小泉純一郎(こいずみじゅんいちろう)内閣は平成十七年(二〇〇五)一月から「皇室典範に関する有識者会議」を開催した。会議は、女性や女系に皇位継承資格を拡大することを答申した。法案が準備されたところで秋篠宮妃の懐妊が判明し、悠仁(ひさひと)親王が誕生したことで、皇室典範改正は見送られるにいたった。

平成二十四年(二〇一二)には、野田佳彦(のだよしひこ)

内閣が女性宮家創設を検討したが、衆議院で民主党が大敗して立ち消えとなった。平成二十九年(二〇一七)六月、平成の天皇の意向が尊重されて特例法が成立、退位が行われようとしている。[48]

皇位継承が安定して行われるように、時々の意思が介入しないように法定して継承順を厳格に定め静謐を保つ、継承者を十分に確保するという伊藤の方針の下に作成された旧皇室典範の特質、すなわち、(ア)譲位の不可、(イ)女帝・女系の否定、(ウ)長子優先、(エ)嫡庶の別、(オ)皇族永世主義、(カ)非公布主義は、明治期に(オ)と(カ)が変更され、大正期に(エ)の実態がなくなった。(オ)については新皇室典範で復活するが、問題であった伏見宮系は皇籍離脱し皇族は減少した。そして(ア)も、大きな反対もなく社会で容認された。残るは(イ)、(ウ)である。皇位継承順の厳格化・法制化という点は維持されているが、継承者の確保や継承に対してのなんらかの意思の介入という点では揺らいでいる。

48 高橋紘・所功『皇位継承　増補改訂版』(文春新書, 2018年)第7章。

代数	天皇		母	上：生没年 下：在位期間
119	光格	師仁, 兼仁, 祐宮	大江磐代	明和 8 (1771) 8.15 ～天保11 (1840) 11.19 安永 8 (1779) 11.25 ～文化14 (1817) 3.22
120	仁孝	恵仁親王, 寛宮	藤原婧子 (東京極院)	寛政12 (1800) 2.21 ～弘化 3 (1846) 1.26 文化14 (1817) 3.22 ～弘化 3 (1846) 1.26
121	孝明	統仁親王, 熙宮	藤原雅子 (新待賢門院)	天保 2 (1831) 6.14 ～慶応 2 (1866) 12.25 弘化 3 (1846) 2.13 ～慶応 2 (1866) 12.25
122	明治	睦仁親王, 祐宮	中山慶子	嘉永 5 (1852) 9.22 ～明治45 (1912) 7.30 慶応 3 (1867) 1.9 ～明治45 (1912) 7.30
123	大正	嘉仁親王, 明宮	柳原愛子	明治12 (1879) 8.31 ～大正15 (1926) 12.25 明治45 (1912) 7.30 ～大正15 (1926) 12.25
124	昭和	裕仁親王, 迪宮	九条節子 (貞明皇后)	明治34 (1901) 4.29 ～昭和64 (1989) 1.7 大正15 (1926) 12.25 ～昭和64 (1989) 1.7
125	(平成)	明仁親王, 継宮	良子女王	昭和 8 (1933) 12.23 ～ 昭和64 (1989) 1.7 ～平成31 (2019) 4.30

代数	天皇		母	上：生没年 下：在位期間
100	後小松	幹仁	藤原厳子 (通陽門院)	永和３(1377)6.26～永享５(1433)10.20 永徳２(1382)4.11～応永19(1412)8.29
101	称光	躬仁親王, 実仁親王	藤原資子 (光範門院)	応永８(1401)3.29～正長元(1428)7.20 応永19(1412)8.29～正長元(1428)7.20
102	後花園	彦仁	源幸子 (敷政門院)	応永26(1419)6.18～文明２(1470)12.27 正長元(1428)7.28～寛正５(1464)7.19
103	後土御門	成仁親王	藤原信子 (嘉楽門院)	嘉吉２(1442)5.25～明応９(1500)9.28 寛正５(1464)7.19～明応９(1500)9.28
104	後柏原	勝仁親王	源朝子	寛正５(1464)10.20～大永６(1526)4.7 明応９(1500)10.25～大永６(1526)4.7
105	後奈良	知仁親王	藤原藤子 (豊楽門院)	明応５(1496)12.23～弘治３(1557)9.5 大永６(1526)4.29～弘治３(1557)9.5
106	正親町	方仁親王	藤原栄子 (吉徳門院)	永正14(1517)5.29～文禄２(1593)1.5 弘治３(1557)10.27～天正14(1586)11.7
107	後陽成	和仁親王, 周仁, 若宮	藤原晴子 (新上東門 院)	元亀２(1571)12.15～元和３(1617)8.26 天正14(1586)11.7～慶長16(1611)3.27
108	後水尾	政仁親王, 三宮, 若宮	藤原前子 (中和門院)	文禄５(1596)6.4～延宝８(1680)8.19 慶長16(1611)3.27～寛永６(1629)11.8
109	明正	興子内親 王, 女一宮	源和子 (東福門院)	元和９(1623)11.19～元禄９(1696)11.10 寛永６(1629)11.8～寛永20(1643)10.3
110	後光明	紹仁親王, 素鵞宮	藤原光子 (壬生院)	寛永10(1633)3.12～承応３(1654)9.20 寛永20(1643)10.3～承応３(1654)9.20
111	後西	良仁親王, 秀宮, 桃園 宮, 花町宮	藤原隆子 (逢春門院)	寛永14(1637)11.16～貞享２(1685)2.22 承応３(1654)11.28～寛文３(1663)1.26
112	霊元	識仁親王, 高貴宮	藤原国子 (新広義門院)	承応３(1654)5.25～享保17(1732)8.6 寛文３(1663)1.26～貞享４(1687)3.21
113	東山	朝仁親王, 五宮	藤原宗子 (敬法門院)	延宝３(1675)9.3～宝永６(1709)12.17 貞享４(1687)3.21～宝永６(1709)6.21
114	中御門	慶仁親王, 長宮	藤原賀子 (新崇賢門院)	元禄14(1701)12.17～元文２(1737)4.11 宝永６(1709)6.21～享保20(1735)3.21
115	桜町	昭仁親王, 若宮	藤原尚子 (新中和門院)	享保５(1720)1.1～寛延３(1750)4.23 享保20(1735)3.21～延享４(1747)5.2
116	桃園	遐仁親王, 八 穂宮, 茶地宮	藤原定子 (開明門院)	寛保元(1741)2.29～宝暦12(1762)7.12 延享４(1747)5.2～宝暦12(1762)7.12
117	後桜町	智子内親王, 以茶宮, 緋宮	藤原舎子 (青綺門院)	元文５(1740)8.3～文化10(1813)⑪.2 宝暦12(1762)7.27～明和７(1770)11.24
118	後桃園	英仁親王, 若宮	藤原富子 (恭礼門院)	宝暦８(1758)7.2～安永８(1779)10.29 明和７(1770)11.24～安永８(1779)10.29

代数	天皇		母	上：生没年 下：在位期間
85	仲恭	懐成親王	藤原立子 (東一条院)	建保 6 (1218) 10.10 ～天福 2 (1234) 5.20 承久 3 (1221) 4.20 ～承久 3 (1221) 7.9
86	後堀河	茂仁	藤原陳子 (北白河院)	建暦 2 (1212) 2.18 ～天福 2 (1234) 8.6 承久 3 (1221) 7.9 ～貞永元 (1232) 10.4
87	四条	秀仁親王	藤原竴子 (藻璧門院)	寛喜 3 (1231) 2.12 ～仁治 3 (1242) 1.9 貞永元 (1232) 10.4 ～仁治 3 (1242) 1.9
88	後嵯峨	邦仁	源通子	承久 2 (1220) 2.26 ～文永 9 (1272) 2.17 仁治 3 (1242) 1.20 ～寛元 4 (1246) 1.29
89	後深草	久仁親王	藤原姞子 (大宮院)	寛元元 (1243) 6.10 ～嘉元 2 (1304) 7.16 寛元 4 (1246) 1.29 ～正元元 (1259) 11.26
90	亀山	恒仁親王	藤原姞子 (大宮院)	建長元 (1249) 5.27 ～嘉元 3 (1305) 9.15 正元元 (1259) 11.26 ～文永11 (1274) 1.26
91	後宇多	世仁親王	藤原佶子 (京極院)	文永 4 (1267) 12.1 ～元亨 4 (1324) 6.25 文永11 (1274) 1.26 ～弘安10 (1287) 10.21
92	伏見	熙仁親王	藤原愔子 (玄輝門院)	文永 2 (1265) 4.23 ～文保元 (1317) 9.3 弘安10 (1287) 10.21 ～永仁 6 (1298) 7.22
93	後伏見	胤仁親王	藤原経子	弘安11 (1288) 3.3 ～建武 3 (1336) 4.6 永仁 6 (1298) 7.22 ～正安 3 (1301) 1.21
94	後二条	邦治親王	源基子 (西華門院)	弘安 8 (1285) 2.2 ～徳治 3 (1308) 8.25 正安 3 (1301) 1.21 ～徳治 3 (1308) 8.25
95	花園	富仁親王	藤原季子 (顕親門院)	永仁 5 (1297) 7.25 ～貞和 4 (1348) 11.11 徳治 3 (1308) 8.26 ～文保 2 (1318) 2.26
96	後醍醐	尊治親王	藤原忠子 (談天門院)	正応元 (1288) 11.2 ～延元 4 (1339) 8.16 文保 2 (1318) 2.26 ～延元 4 (1339) 8.15
97	後村上	憲良親王, 義良親王	藤原廉子 (新待賢門院)	嘉暦 3 (1328) ～正平23 (1368) 3.11 延元 4 (1339) 8.15 ～正平23 (1368) 3.11
98	長慶	寛成親王	藤原勝子 (嘉喜門院)	興国 4 (1343) ～応永元 (1394) 8.1 正平23 (1368) 3.11 ～弘和 3 (1383) 10以降
99	後亀山	熙成	藤原勝子 (嘉喜門院)	？～応永31 (1424) 4.12 弘和 3 (1383) 10以降～元中 9 (1392) ⑩.5
北朝	光厳	量仁親王	藤原寧子 (広義門院)	正和 2 (1313) 7.9 ～貞治 3 (1364) 7.7 元弘元 (1331) 9.20 ～正慶 2 (1333) 5.25
〃	光明	豊仁親王	藤原寧子 (広義門院)	元亨元 (1321) 12.23 ～康暦 2 (1380) 6.24 建武 3 (1336) 8.15 ～貞和 4 (1348) 10.27
〃	崇光	益仁親王, 興仁親王	藤原秀子 (陽禄門院)	建武元 (1334) 4.22 ～応永 5 (1398) 1.13 貞和 4 (1348) 10.27 ～観応 2 (1351) 11.7
〃	後光厳	弥仁	藤原秀子 (陽禄門院)	建武 5 (1338) 3.2 ～応安 7 (1374) 1.29 観応 3 (1352) 8.17 ～応安 4 (1371) 3.23
〃	後円融	緒仁親王	藤原仲子 (崇賢門院)	延文 3 (1358) 12.12 ～明徳 4 (1393) 4.26 応安 4 (1371) 3.23 ～永徳 2 (1382) 4.11

代数	天皇		母	上：生没年 下：在位期間
65	花山	師貞親王	藤原懐子	安和元(968)10.26～寛弘5(1008)2.8 永観2(984)8.27～寛和2(986)6.23
66	一条	懐仁親王	藤原詮子 (東三条院)	天元3(980)6.1～寛弘8(1011)6.22 寛和2(986)6.23～寛弘8(1011)6.13
67	三条	居貞親王	藤原超子	天延4(976)1.3～寛仁元(1017)5.9 寛弘8(1011)6.13～長和5(1016)1.29
68	後一条	敦成親王	藤原彰子 (上東門院)	寛弘5(1008)9.11～長元9(1036)4.17 長和5(1016)1.29～長元9(1036)4.17
69	後朱雀	敦良親王	藤原彰子 (上東門院)	寛弘6(1009)11.25～寛徳2(1045)1.18 長元9(1036)4.17～寛徳2(1045)1.16
70	後冷泉	親仁親王	藤原嬉子	万寿2(1025)8.3～治暦4(1068)4.19 寛徳2(1045)1.16～治暦4(1068)4.19
71	後三条	尊仁親王	禎子内親王 (陽明門院)	長元7(1034)7.18～延久5(1073)5.7 治暦4(1068)4.19～延久4(1072)12.8
72	白河	貞仁親王	藤原茂子	天喜元(1053)6.19～大治4(1129)7.7 延久4(1072)12.8～応徳3(1086)11.26
73	堀河	善仁親王	藤原賢子	承暦3(1079)7.9～嘉承2(1107)7.19 応徳3(1086)11.26～嘉承2(1107)7.19
74	鳥羽	宗仁親王	藤原苡子	康和5(1103)1.16～保元元(1156)7.2 嘉承2(1107)7.19～保安4(1123)1.28
75	崇徳	顕仁親王	藤原璋子 (待賢門院)	元永2(1119)5.28～長寛2(1164)8.26 保安4(1123)1.28～永治元(1141)12.7
76	近衛	体仁親王	藤原得子 (美福門院)	保延5(1139)5.18～久寿2(1155)7.23 永治元(1141)12.7～久寿2(1155)7.23
77	後白河	雅仁親王	藤原璋子 (待賢門院)	大治2(1127)9.11～建久3(1192)3.13 久寿2(1155)7.24～保元3(1158)8.11
78	二条	守仁親王	藤原懿子	康治2(1143)6.17～永万元(1165)7.28 保元3(1158)8.11～永万元(1165)6.25
79	六条	順仁親王	伊岐氏	長寛2(1164)11.14～安元2(1176)7.17 永万元(1165)6.25～仁安3(1168)2.19
80	高倉	憲仁親王	平滋子 (建春門院)	永暦2(1161)9.3～治承5(1181)1.14 仁安3(1168)2.19～治承4(1180)2.21
81	安徳	言仁親王	平徳子 (建礼門院)	治承2(1178)11.12～寿永4(1185)3.24 治承4(1180)2.21～寿永4(1185)3.24
82	後鳥羽	尊成	藤原殖子 (七条院)	治承4(1180)7.14～延応元(1239)2.22 寿永2(1183)8.20～建久9(1198)1.11
83	土御門	為仁	源在子 (承明門院)	建久6(1195)12.2(11.1)～寛喜3(1231)10.11 建久9(1198)1.11～承元4(1210)11.25
84	順徳	守成親王	藤原重子 (修明門院)	建久8(1197)9.10～仁治3(1242)9.12 承元4(1210)11.25～承久3(1221)4.20

代数	天皇		母	上：生没年 下：在位期間
47	淳仁	大炊王, 淡路廃帝	当麻山背	天平5(733)～天平神護元(765)10.23 天平宝字2(758)8.1～天平宝字8(764)10.9
48	称徳	(孝謙天皇重祚)		養老2(718)～神護景雲4(770)8.4 天平宝字8(764)10.9～神護景雲4(770)8.4
49	光仁	白壁王, 天宗高紹天皇	紀橡姫	和銅2(709)10.13～天応元(781)12.23 宝亀元(770)10.1～天応元(781)4.3
50	桓武	山部親王, 皇統弥照天皇, 柏原帝	高野新笠	天平9(737)～延暦25(806)3.17 天応元(781)4.3～延暦25(806)3.17
51	平城	安殿親王, 天推国高彦天皇, 奈良帝	藤原乙牟漏	宝亀5(774)8.15～天長元(824)7.7 延暦25(806)3.17～大同4(809)4.1
52	嵯峨	神野(賀美野)親王	藤原乙牟漏	延暦5(786)9.7～承和9(842)7.15 大同4(809)4.1～弘仁14(823)4.16
53	淳和	大伴親王, 日本根子天高譲弥遠天皇, 西院帝	藤原旅子	延暦5(786)～承和7(840)5.8 弘仁14(823)4.16～天長10(833)2.28
54	仁明	正良親王, 日本根子天璽豊聡恵天皇, 深草帝	橘嘉智子	弘仁元(810)～嘉祥3(850)3.21 天長10(833)2.28～嘉祥3(850)3.21
55	文徳	道康親王, 田邑帝	藤原順子	天長4(827)8.　～天安2(858)8.27 嘉祥3(850)3.21～天安2(858)8.27
56	清和	惟仁親王, 水尾帝	藤原明子	嘉祥3(850)3.25～元慶4(880)12.4 天安2(858)8.27～貞観18(876)11.29
57	陽成	貞明親王	藤原高子	貞観10(868)12.16～天暦3(949)9.29 貞観18(876)11.29～元慶8(884)2.4
58	光孝	時康親王, 小松帝	藤原沢子	天長7(830)～仁和3(887)8.26 元慶8(884)2.4～仁和3(887)8.26
59	宇多	定省親王, 亭子院	班子女王	貞観9(867)5.5～承平元(931)7.19 仁和3(887)8.26～寛平9(897)7.3
60	醍醐	維城, 敦仁親王	藤原胤子	元慶9(885)1.18～延長8(930)9.29 寛平9(897)7.3～延長8(930)9.22
61	朱雀	寛明親王	藤原穏子	延長元(923)7.24～天暦6(952)8.15 延長8(930)9.22～天慶9(946)4.20
62	村上	成明親王	藤原穏子	延長4(926)6.2～康保4(967)5.25 天慶9(946)4.20～康保4(967)5.25
63	冷泉	憲平親王	藤原安子	天暦4(950)5.24～寛弘8(1011)10.24 康保4(967)5.25～安和2(969)8.13
64	円融	守平親王	藤原安子	天徳3(959)3.2～正暦2(991)2.12 安和2(969)8.13～永観2(984)8.27

代数	天皇		母	上：生没年 下：在位期間
33	推古	額田部皇女，豊御食炊屋姫天皇	蘇我堅塩媛	554 ～ 628.3.7 592.12.8 ～ 628.3.7
34	舒明	田村皇子，息長足日広額天皇	糠手姫皇女	593 ～ 641.10.9 629.1.4 ～ 641.10.9
35	皇極	宝皇女，天豊財重日足姫天皇，皇祖母尊	吉備姫王	594 ～ 661.7.24 642.1.15 ～ 645.6.14
36	孝徳	軽皇子，天萬豊日天皇	吉備姫王	596？～白雉 5（654）10.10 645.6.14 ～白雉 5（654）10.10
37	斉明	（皇極天皇重祚）		594 ～ 661.7.24 655.1.3 ～ 661.7.24
38	天智	中大兄皇子，天命開別天皇	宝皇女（皇極天皇）	626 ～ 671.12.3 ＊称制　661 ～ 668.1.3 ～ 671.12.3
39	弘文	大友皇子	伊賀采女宅子娘	大化 4（648）～ 672.7.23 671.12.5 ～ 672.7.23
40	天武	大海人皇子，天渟中原瀛真人天皇	宝皇女（皇極天皇）	631？～朱鳥元（686）9.9 673.2.27 ～朱鳥元（686）9.9
41	持統	鸕野讃良皇女，高天原広野姫天皇，大倭根子天之広野日女尊	蘇我遠智娘	大化元（645）～大宝 2（702）12.22 ＊称制　朱鳥元（686）～ 690.1.1 ～ 697.8.1
42	文武	軽（珂瑠）皇子，天之真宗豊祖父天皇，倭根子豊祖父天皇	阿閇皇女（元明天皇）	683 ～慶雲 4（707）6.15 697.8.1 ～慶雲 4（707）6.15
43	元明	阿閇皇女，日本根子天津御代豊国成姫天皇	蘇我姪娘	661 ～養老 5（721）12.7 慶雲 4（707）7.17 ～和銅 8（715）9.2
44	元正	氷高内親王，日本根子高瑞浄足姫天皇	阿閇皇女（元明天皇）	680 ～天平20（748）4.21 霊亀元（715）9.2 ～養老 8（724）2.4
45	聖武	首皇子，天璽国押開豊桜彦天皇，勝宝感神聖武皇帝	藤原宮子	大宝元（701）～天平勝宝 8（756）5.2 神亀元（724）2.4 ～天平感宝元（749）7.2
46	孝謙	阿倍内親王，宝字称徳孝謙皇帝，高野天皇	藤原安宿媛（光明皇后）	養老 2（718）～神護景雲 4（770）8.4 天平勝宝元（749）7.2 ～天平宝字 2（758）8.1

天皇表

1）代数は「皇統譜」による。ただし，近代になって定着したもので，歴史的・学術的には異なる数え方もある。南北朝期は南朝で代数を数えている。
2）崇峻天皇までは『日本書紀』などによる。
3）在位期間は，践祚・受禅の日から開始とした。丸数字の月は閏月。

代数	天皇		母	在位期間
1	神武	神日本磐余彦天皇	玉依姫	前660.1.1 ～前585.3.11
2	綏靖	神渟名川耳天皇	媛蹈鞴五十鈴媛命	前581.1.8 ～前549.5.10
3	安寧	磯城津彦玉手看天皇	五十鈴依媛命	前549.7.3 ～前511.12.6
4	懿徳	大日本彦耜友天皇	渟名底仲媛命	前510.2.4 ～前477.9.8
5	孝昭	観松彦香殖稲天皇	天豊津媛命	前475.1.9 ～前393.8.5
6	孝安	日本足彦国押人天皇	世襲足媛	前392.1.27 ～前291.1.9
7	孝霊	大日本根子彦太瓊天皇	押媛	前290.1.12 ～前215.2.8
8	孝元	大日本根子彦国牽天皇	細媛命	前214.1.14 ～前158.9.2
9	開化	稚日本根子彦大日日天皇	鬱色謎命	前158.11.12 ～前98.4.9
10	崇神	御間城入彦五十瓊殖天皇	伊香色謎命	前97.1.13 ～前30.12.5
11	垂仁	活目入彦五十狭茅天皇	御間城姫	前29.1.2 ～ 70.7.1
12	景行	大足彦忍代別天皇	日葉酢媛命	71.7.11 ～ 130.11.7
13	成務	稚足彦天皇	八坂入姫命	131.1.5 ～ 190.6.11
14	仲哀	足仲彦天皇	両道入姫命	192.1.11 ～ 200.2.6
（神功皇后）		気長足姫尊	葛城高顙媛	201.10.2摂政～ 269.4.17
15	応神	誉田天皇	気長足姫尊（神功皇后）	270.1.1 ～ 310.2.15
16	仁徳	大鷦鷯天皇	仲姫命	313.1.3 ～ 399.1.16
17	履中	去来穂別天皇	磐之媛命	400.2.1 ～ 405.3.15
18	反正	瑞歯別天皇	磐之媛命	406.1.2 ～ 410.1.23
19	允恭	雄朝津間稚子宿禰天皇	磐之媛命	412.12.　～ 453.1.14
20	安康	穴穂天皇	忍坂大中姫命	453.12.14 ～ 456.8.9
21	雄略	大泊瀬幼武天皇	忍坂大中姫命	456.11.13 ～ 479.8.7
22	清寧	白髪武広国押稚日本根子天皇	葛城韓媛	480.1.15 ～ 484.1.16
23	顕宗	弘計天皇	葛城荑媛	485.1.1 ～ 487.4.25
24	仁賢	億計天皇	葛城荑媛	488.1.5 ～ 498.8.8
25	武烈	小泊瀬稚鷦鷯天皇	春日大娘皇女	498.12.　～ 506.12.8
26	継体	男大迹天皇	振媛	507.2.4 ～ 531.2.7
27	安閑	勾大兄皇子，広国押武金日天皇	尾張目子媛	531.2.7 ～ 535.12.17
28	宣化	檜隈高田皇子，武小広国押盾天皇	尾張目子媛	535.12.　～ 539.2.10
29	欽明	天国排開広庭天皇	手白香皇女	539.12.5 ～ 571.4.15
30	敏達	渟中倉太珠敷天皇	石姫皇女	572.4.3 ～ 585.8.15
31	用明	大兄皇子，橘豊日天皇	蘇我堅塩媛	585.9.5 ～ 587.4.9
32	崇峻	泊瀬部天皇	蘇我小姉君	587.8.2 ～ 592.11.3

近世
久保貴子『後水尾天皇——千年の坂も踏みわけて』ミネルヴァ書房，2008年
久保貴子『徳川和子』吉川弘文館，2008年
熊倉功夫『後水尾天皇』中央公論新社，2010年（初出『後水尾院』1982年）
高埜利彦『日本史リブレット36　江戸幕府と朝廷』山川出版社，2001年
高埜利彦『近世の朝廷と宗教』吉川弘文館，2014年
辻達也編『日本の近世2　天皇と将軍』中央公論社，1991年
藤田覚『近世天皇論——近世天皇研究の意義と課題』清文堂出版，2011年
藤田覚『光格天皇——自身を後にし天下万民を先とし』ミネルヴァ書房，2018年
藤田覚『幕末の天皇』講談社選書メチエ，1994年（講談社学術文庫，2013年）
山口和夫『近世日本政治史と朝廷』吉川弘文館，2017年

近代
浅見雅男『皇族と天皇』ちくま新書，2016年
伊藤之雄『明治天皇——むら雲を吹く秋風にはれそめて』ミネルヴァ書房，2006年
小田部雄次『近現代の皇室と皇族』敬文舎，2013年
河西秀哉『明仁天皇と戦後日本』洋泉社歴史新書y，2016年
島善高『近代皇室制度の形成』成文堂，1994年
冨永望『昭和天皇退位論のゆくえ』吉川弘文館，2014年
原武史『大正天皇』朝日新聞社，2000年（朝日文庫，2015年）
古川隆久『大正天皇』吉川弘文館，2007年
古川隆久『昭和天皇——「理性の君主」の孤独』中公新書，2011年
升味準之輔『昭和天皇とその時代』山川出版社，1998年

読書案内——さらに詳しく知るための図書リスト

大津透・河内祥輔・藤井讓治・藤田覚（編集委員）『天皇の歴史』全10巻，講談社，2001～11年（講談社学術文庫，2018年）
大津透編『史学会シンポジウム叢書　王権を考える』山川出版社，2006年
歴史学研究会編・加藤陽子責任編集『天皇はいかに受け継がれたか——天皇の身体と皇位継承』績文堂出版，2019年

古代

朝尾直弘ほか編『日本の社会史3　権威と支配』岩波書店，1987年
荒木敏夫『日本古代王権の研究』吉川弘文館，2006年
大阪大学古代中世文学研究会編『皇統迭立と文学形成』和泉書院，2009年
大津透ほか『日本の歴史8　古代天皇制を考える』講談社，2001年（講談社学術文庫，2009年）
倉本一宏『平安朝　皇位継承の闇』角川選書，2014年
河内祥輔『古代政治史における天皇制の論理』吉川弘文館，1986年
篠川賢『歴史文化ライブラリー122　飛鳥の朝廷と王統譜』吉川弘文館，2001年
高岡市万葉歴史館編『高岡市万葉歴史館叢書21　万葉の女性歌人』高岡市万葉歴史館，2009年
吉村武彦・吉岡真之編『争点日本の歴史3　古代編Ⅱ　奈良～平安時代』新人物往来社，1991年

中世

池享『戦国・織豊期の武家と天皇』校倉書房，2003年
石原比伊呂『室町時代の将軍家と天皇家』勉誠出版，2015年
栗山圭子『中世王家の成立と院政』吉川弘文館，2012年
河内祥輔『日本史リブレット22　中世の天皇観』山川出版社，2003年
河内祥輔『日本中世の朝廷・幕府体制』吉川弘文館，2007年
桜井英治『日本の歴史12　室町人の精神』講談社，2001年（講談社学術文庫，2009年）
末柄豊『日本史リブレット82　戦国時代の天皇』山川出版社，2018年
美川圭『院政の研究』臨川書店，1996年
森茂暁『南北朝期公武関係史の研究』文献出版，1984年（増補・改訂，思文閣出版，2008年）

カバー：桐竹鳳凰麒麟文
平安時代以降，天皇が用いた束帯の袍の文様。正式な行事では黄櫨染，略儀では青色の袍を着用した。
カバーは『古典参考図録 改訂増補』(國學院高等學校発行)に掲載の写真をもとにした。

執筆者紹介

春名　宏昭　はるなひろあき
1960年生まれ
東京大学大学院人文科学研究科博士課程単位取得退学
現在　法政大学兼任講師，博士（文学）
主要著書　『律令国家官制の研究』（吉川弘文館，1997年），『平城天皇』（吉川弘文館，2009年）

高橋　典幸　たかはしのりゆき
1970年生まれ
東京大学大学院人文社会系研究科博士課程中途退学
現在　東京大学大学院人文社会系研究科准教授，博士（文学）
主要著書　『鎌倉幕府軍制と御家人制』（吉川弘文館，2008年），『日本史リブレット人26　源頼朝』（山川出版社，2010年）

村　和明　むらかずあき
1979年生まれ
東京大学大学院人文社会系研究科博士課程修了
現在　東京大学大学院人文社会系研究科准教授，博士（文学）
主要著書　『近世の朝廷制度と朝幕関係』（東京大学出版会，2013年），『伝奏と呼ばれた人々――公武交渉人の七百年史』（共著，日本史史料研究会監修，神田裕理編著，ミネルヴァ書房，2017年）

西川　誠　にしかわまこと
1962年生まれ
東京大学大学院人文科学研究科博士課程中途退学
現在　川村学園女子大学生活創造学部教授
主要著書　『天皇の歴史07　明治天皇の大日本帝国』（講談社学術文庫，2018年，初出2011年），『史料を読み解く4　幕末・維新の政治と社会』（共著，山川出版社，2009年）

皇位継承 歴史をふりかえり　変化を見定める

2019年4月5日　第1版第1刷印刷　　2019年4月10日　第1版第1刷発行

著　者　春名宏昭・高橋典幸・村 和明・西川 誠

発行者　野澤伸平

発行所　株式会社　山川出版社
〒101-0047　東京都千代田区内神田1-13-13
電話　03(3293)8131(営業)　03(3293)8135(編集)
https://www.yamakawa.co.jp/　振替　00120-9-43993

印刷所　株式会社　太平印刷社

製本所　株式会社　ブロケード

装　幀　菊地信義

ISBN978-4-634-59118-9